KB169742

인정받고 싶어서
오늘도 애쓰고 말았다

일러두기

이 책에 등장하는 모든 인물은 상담을 하면서 만난 사람들의 고충과 고민을 반영하되, 개인의 정보는 드러나지 않도록 재구성한 가상의 사례임을 밝힙니다.

인정받고 싶어서
오늘도
눈치 보지 않고
자유롭게 살고 싶은
당신을 위한 심리학
애쓰고 말았다
이혜진 지음
카시오페아
Cassiopeia

나는 나로 사는 게 괜찮지 않았다

한참 동안 나는 진짜 나로 살아가기 위해 애썼다. 심리학을 만난 것도 그 과정에서였다. 어린 시절부터 들었던 "넌 참 괜찮은데, 왜 그렇게 자신감이 없어?" 같은 말들은 안 그래도 자신감 없던 나를 위축되게 만들었다. 그렇게 점점 나는 나로 살지 못하게 되었다.

20대가 끝날 때까지도 난 나로 사는 게 괜찮지 않았다. 괜찮은 사람으로 인정받고 싶었지만 그러지 못한 것 같아 내가 부끄럽고 미웠다. 특별히 잘하는 것도 없었고, 좋아하는 사람에게 사랑받지도 못하는 나는 끊임없이 다른 사람들을 바라보며 못난 나를 미워하기 시작했다.

10대부터 30대까지 인정받고 싶었던 나의 욕구들

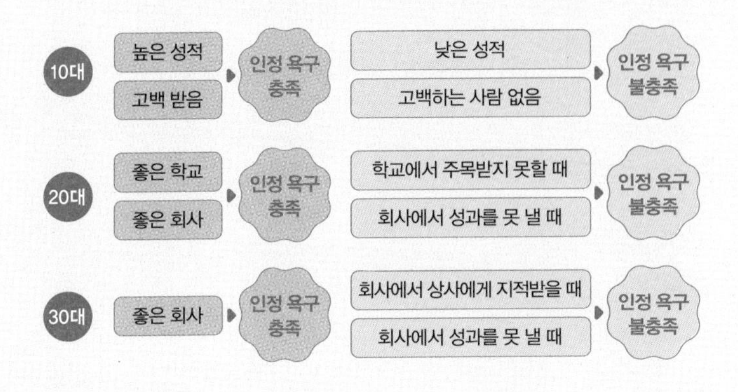

나는 나를 조건적으로 대했다. 다시 말해 특정 조건이 충족될 때에만 나를 인정해주었다. 10대 때는 성적이 잘 나오거나, 누군가가 나를 좋아한다고 고백할 때에만 나를 괜찮은 사람이라고 인정했다. 20대 때는 좋은 학교에 다니는 나, 좋은 회사에 다니는 나를 유지하지 못할 땐 움츠러들었다. 바꿔 말하면, 학교 이름이나 회사 이름을 빼고는 내가 나를 당당하게 소개할 수 없었다. 그래서인지 사회에서의 나는 늘 초조했다. 30대 초중반까지 간신히 좋은 회사에서 일을 한다는 자부심으로 버티면서 성과를 내지 못하는 나를 압박했다. 치열한 환경에서 나는 나를 더욱 밀어붙였고, 시간은 유한한 자원임을 적극적으로 망각하며 밥 먹듯이 밤샘을 하면서 일했다. 그렇게 특정 조건을 충족해야 나를 인정할 수 있었던 나는 점점 지쳤고, 만 서른넷에 수술대에 누우며 모든 것을 멈췄다.

"암입니다."

암 수술과 항암 치료를 마치면서 나를 제대로 돌아보았다. 난생처음 죽음을 떠올렸던 그때의 나는 몸도 마음도 지쳐 타버린 상태로 많이 아파하고 있었다. 그리고 조금 더 깊은 마음에는 왜곡된 모양으로 나의 발목을 잡고 있던 인정 욕구가 보였다. 모든 걸 멈춰서 돌아보니, 나를 착취해서 만들어낸 인정이 나를 죽이고 있었다. 나를 해치지 않는 방법으로 살아가려면 변화해야 했다. 지금까지의 방식이 아닌, 건강하게 인정받을 수 있는 삶을 만드는 데 집중했다.

어린 시절 중요한 타인으로부터 인정받지 못한 사람은 성인이 되어서도 끊임없이 타인으로부터 확인이나 승인받고 싶은 욕구에 휩싸여 살아간다. 그것이 자연스러운 결핍이기 때문이다. 그런데 많은 이가 그 결핍을 스스로를 인정하면서 채우려고 한다. 이제 성인이니까 타인의 인정은 바라지 말고 내가 나를 인정해야 한다고 생각하는 것이다. 그러나 그렇게 단순하게 생각할 일이 아니다. 타인 없이 인정 욕구를 채우기란 불가능에 가깝기 때문이다.

이 책은 인정받고자 애썼던 나의 인정 욕구를 돌아보고 건강하게 인정받기를 바라는 마음으로 썼다. 나는 이 책에서 인정 욕구를 버리거나 포기하라고 권하지 않는다. 인정 욕구를 보다 더 건강하고 효율적으로 충족하며 살아가는 방법을 담았다.

도대체 인정 욕구란 무엇일까? 무엇이 인정 욕구를 부정적으로 바라보게 만들까? 왜 인정 욕구를 충족하는 것이 어려울까? 인정 욕구와 밀접하게 연관된 우리의 마음을 찬찬히 살펴보며 어떻게 하면 인정받고 싶은 마음을 연료로, 인정받을 수 있는 상황을 만들어갈 수 있을지 내 마음에 말을 걸어보자.

나는 지금도 상담실에서 과거의 나와 비슷한 사람들을 만난다. 이 책은 수많은 방황의 시간을 줄이기 위해 내가 지난 시간 내담자들에게 건넸던 마음을 담은 결과물이다.

누구나 타인의 인정이 필요하다

인간이 고통스러워하는 감정 중에 유독 오래가는 감정이 있다. 바로 타인과의 관계로 인해 경험하는 '모멸감'이다. 독일의 심리학자 프랑크 슈템러Frank Staemmler는 그의 저서 《모멸감, 끝낸다고 끝이 아닌 관계에 대하여》에서 '모멸의 경험은 인정을 향한 기대의 실망과 동등한 뜻으로 여겨진다'라고 말하면서 '인정'에 대해 다음과 같이 정의했다.

> 인간이라는 주체의 능력과 특성이 그 자체로 '가치 있다 확인' 받는 것이 인정이다.[1]

'모멸감'은 가장 고통스러운 감정이라고 알려진 '수치심'보다도 더 마음의 뿌리까지 파고드는 감정이라고도 불린다. 믿었던 타인으로부터 배신당하는 경험이 아니더라도 마치 나의 존재가 없는 듯, 투명 인간처럼 인사받지 못할 때와 같이 단순한 장면에서도 우리는 무시당한다고 느끼며 모멸감을 느낄 수 있다. 나에게 중요한 타인이 나에게 건네는 인정의 표식은 우리가 모멸감으로부터 자유로울 수 있는 기본적인 예의이며 필수 가치이기에 우리에겐 인정이 필요하다.

나를 인정해주는 사람을 외부에서 찾기보다는 내가 나를 인정해주면 된다고 말하는 메시지를 보면 마음이 불편하다. 내가 나를 아끼고 사랑하고 인정해주자는 주장이 타인이 나를 아끼고 사랑하고 인정하는 것의 가치를 버리자는 의미로 해석되는 경우가 많기 때문이다. 스스로를 위안하지 못하거나 마음이 버거워 다른 사람을 애타게 찾는 사람에게, 스스로를 인정하면 모든 것이 해결될 것처럼 타인의 인정을 '포기'하게 만드는 메시지로 들린다.

나의 책《나를 아프게 한 건 항상 나였다》를 읽은 독자들에게 나 또한 의도치 않은 오해를 안겼을 수 있다. '내가 나를 먼저 사랑해줘야 삶도 나를 사랑해준다'라는 말의 뜻을 '내가 나를 사랑하면 타인의 사랑은 필요 없다'로 해석되는 경우를 보며 책임감을 느꼈다. 타인이 나를 사랑하기까지 가만히 기다리거나 괴로워하고 있는 대신, 내가 나를 돌보는 데 집중하며 나의 마음을 단련하자는 메시지가 왜곡된 것 같아서.

독자들이 오해할만한 것이 최근 몇 년간 타인의 인정을 추구하는 마음 자체를 버리자고 이야기하는 저자나 강연이 많아졌다. 이로 인해 많은 이가 다른 무엇보다 내가 나를 인정하는 것이 진짜로 자존감이 높은 사람이라고 생각한다. 그러나 나의 생각은 다르다. 타인의 인정이 부재한 상황에서 내가 나를 인정하는 장면은 생각보다 외롭다. 우리가 그토록 갈망하는 건 내가 원하는 '그 사람'의 인정이기에. 그럴 때 나라도 나를 인정하자는 것만큼 슬픈 일도 없다고 생각한다.

내가 나를 다독이고 슬픈 마음을 알아주는 위안 이상의 것을 스스로 해결하기엔 한계가 있다. 대신 내가 '그' 사람의 인정을 받을 수 있도록 대책에 집중해보는 심리 작업은 유효하다. 그리하여 결국에는 타인의 인정을 챙기면서 나까지 챙길 수 있는 나로 살아가면 좋겠다. 수많은 심리학자와 더불어 헤겔Hegel, 라캉Lacan 등의 철학자들과 프로이트Freud, 코헛Kohut 등의 정신분석학자들이 말했듯이 우리는 모두 타인의 인정을 필요로 하는 인간이라는 점을 부정할 순 없다.

인정 욕구 때문에 괴롭다는 착각

문제는 인정 욕구가 '있어서'가 아니라, 인정 욕구가 '충족되지 못하기' 때문에 일어난다. 인정 욕구의 존재를 부정할 게 아니라 언제, 어디서, 누구에게, 어떻게 인정받을지를 생각해봐야 한다.

인정 욕구 때문에 괴롭다고 느끼는 많은 경우, 순수한 인정 욕구 그 자체보다는 인정 욕구에 섞여 있는 왜곡된 세계관이 고통의 원인인 경우가 많다. 예를 들어 직장에서 인정받고 싶은 욕구 안에는 '회사에 있는 모든 사람이 나의 일거수일투족을 평가할 것이다'와 같은 세계관이 섞여있을 수 있다. 이런 마음을 가지고 산다면 늘 다른 사람들이 나를 어떻게 볼 것인가 신경 쓰고, 언제나 긍정적인 평가를 받기 위해 나의 의사는 상관 없이 남의 의사에 따라 살아가기 때문에 나의 자유는 현저히 제약된다. 결과적으로 늘 평가 당하는 캐릭터로 고통 속에 살아간다. 스스로를 함정에 빠트려 놓고 이렇게 생각한다.

"인정 욕구 때문에 사는 것이 너무 힘들어."

이것은 문제의 원인에 대한 착각이고 문제 해결에 대한 회피다. 진짜 문제는 인간으로서 본능적인 인정 욕구를 가지고 있기 때문에 일어나는 게 아니라, 왜곡된 신념 때문에 일어난다. 모든 사람이 나에게만 지대한 관심을 가지고 있다고 상상하면, 항상 불안할 수밖에 없다. 언제 어디서 어떻게 인정받을지 주체적으로 결정하기보다, 언제 어디서나 어떻게 해서든 인정받아야만 한다는 신념을 가지고 있기 때문이다. 즉, 인정 욕구가 충족되지 못할 상황을 스스로 만들어내고 있는 것과 마찬가지다.

이처럼 사람마다 어떤 신념을 가졌느냐에 따라 인정 욕구가 다양하게 발현된다. 인간의 삶에는 너무나도 다양한 변수들이 개입되기에 우리 안의 인정 욕구도 매우 다양한 모습으로 나타나며, 나의 인정 욕구는 지금 어떤 모습으로 나타나고 있는가를 알아차려야 한다. 나의 인정 욕구가 현재 어떤 유형으로 발현되고 있는지, 특히 왜곡된 신념이 인정 욕구에 섞여 있다면 어떻게 나를 해치고 있는지 이 책에서 함께 살펴보자.

인정받는 나로 살아가기

1부에서는 그동안 나도 모르게 가지고 있던 인정 욕구에 대한 편견이나 고정관념을 걷어내고 순수한 욕구 자체를 탐구해본다. 인정 욕구의 본질을 이해하면서, 건강하게 인정 욕구를 충족하는 삶이란 어떤 모습일지 살펴보는 시간을 가져보자. 이를 통해 우리가 그동안 애써 관심을 가지지 않으려 노력했거나, 폄하했거나, 감춰야 한다고 생각했던 인정 욕구를 있는 그대로 펼쳐놓고 바라보는 마음의 여유를 가질 수 있다. 인간이라면 누구나 갖고 있는 인정 욕구를 나 자신을 위한 방향으로 쓰기 위해 먼저 인정 욕구에 대한 진실을 마주할 수 있도록 1부를 구성했다.

2부에서는 총 네 가지의 인정 욕구를 다루었다. 첫째, 인정 욕구가 자기애 성격과 만나면 '모든 사람에게 인정받고 싶다'는 인정 중독에 빠지게 된다. 둘째, 인정 욕구가 의존형 성격과 만나면 '인정받지 못할까 봐 늘 불안해'라는 마음으로 그 사람의 예스맨이 된다. 셋째, 인정 욕구와 성취형 성격이 만나면 성취 중독에 빠져 불행한 완벽주의자가 된다. 넷째, 인정 욕구가 회피형 성격과 만나면 거부에 대한 두려움으로 '세상에 믿을 사람은 나 하나뿐'이라며 관계에 벽을 친다. 각 장에는 체크리스트를 수록해두어서 내가 어떤 인정 욕구가 더 강한지 살펴볼 수 있다.

3부에서는 나를 해치는 인정 욕구와의 싸움으로부터 벗어나, 나로서 편하게 살기 위해 필요한 마음 관리 방법을 나눈다. 스스로의 인정 욕구를 건강하게 채우며 살아가기 위한 다섯 가지 심리 작업을 함께해보자.

나의 현재를 이해하면, 인정받고 싶은 상황에서 내가 어떠한 행동을 할지, 미래의 행동도 예측이 가능하다. 그렇게 나에게 해가 되는 행동은 줄이고, 나에게 이로운 행동은 늘리는 방식으로 자신을 조절할 수 있다면 인정 욕구를 충족할 가능성도 높아진다.

내가 원하는 인정이 어떤 형태로 채워질 수 있는지 스스로 알고 있을수록 가능성은 더 높아진다. 따라서 우리가 할 수 있는 일은 바로 나의 인정받고 싶은 마음을 연료로 인정받을 수 있는 상황을 만드는 것에 집중하는 마음의 힘을 기르는 것이다. 그것이 나의 인정 욕구를 건강하게 활용하는 길이며, 인정받는 나로 살아가는 삶이다.

이 글을 읽고 있는 당신도, 이 글을 쓰고 있는 나 또한 인정 욕구로 힘들어했던 시간들을 또렷이 기억하며 지금을 맞이했다. 다행히도 나 자신을 알면 알수록 나는 더 편안해질 수 있다. 더 편안해진 당신은 그 어느 때보다도 자유롭게, 더 명료하게 이 세상에서 인정받으며 살아갈 수 있다.

이 책이 내 안의 인정 욕구에 대해 진지하게 생각해보고, 인정 욕구로 힘들어하는 나 혹은 가까운 사람이 자신의 욕구에게 건강한 방향으로 말을 거는 계기가 된다면 좋겠다. 우리의 인정 욕구는 제대로만 사용한다면 내재된 잠재력을 극대화시켜 줄 귀중한 연료이기에.

당신의 인정받는 삶을 응원하며,

이 혜 진

목차

2부 내 안에 있는 4개의 인정 욕구

3부 인정받는 삶을 위한 다섯 단계

7장 상처받은 마음을 치유하기

8장 건강한 삶을 위해 행동하기

사람들한테 잘 보여야 해

모든 사람이 나만 인정해야 해

남보다 뒤처지면 절대 안 돼

세상에 믿을 사람은 한 명도 없어

1부

인정 욕구는 잘못이 없다

우리는 왜 인정 욕구를 오해했을까?

1부에서는 인정 욕구에 대한 오해를 거두고, 인정 욕구를 탐구하는 시간을 가진다. 대표적인 오해가 '자존감이 높으면 타인의 인정이 필요 없다'는 메시지다. 여기서부터 합리적으로 의심해볼 것이다. 핵심은 우리의 순수한 인정 욕구 자체에 초점을 맞추는 것이다. 이를 위해 인정 욕구의 정의와 더불어 두 가지 중요한 특성을 담았다. 이 책에서 소개하는 이야기를 통해 마음속 인정 욕구와 만나보자.

인간의 행동에는 나의 욕구를 충족하고자 하는 목적이 있다. 예를 들어 내가 어떤 이의 SNS를 찾아봤다면, 그 행동에는 최근 뜸해진 사이가 신경 쓰여 관계를 더 좋게 만들고 싶은 욕구가 있을 수 있다. 우리는 내 마음 안에 어떤 욕구가 있는지 명확하게 알수록 행복감을 느낄 가능성이 크다. 이 말은 내 안의 욕구에 대해 오해하고 있을 땐 행복으로부터 멀어진다는 의미다. 그럴 땐 순수한 나의 욕구에 초점을 맞춰보면 된다. 돋보기를 대고 관찰하듯, 내 마음도 세밀하게 살펴본다면 지금 현재 나에게 중요하거나 채워지지 않아서 슬픈 인정 욕구가 보이기 시작할 것이다.

1장

인정 욕구에 대한
오해와 진실

인정받고 싶다는
마음을 인정해야 할 때

인정 욕구에 대해 본격적으로 알아보기 전에 먼저 심리학에서는 '욕구'를 어떻게 보고 있는지 살펴보자. 욕구에 대한 전반적인 이해가 더해진다면, '인정'과 관련된 욕구가 우리 안에 어떤 마음들과 연결되는지를 파악하는 데 도움이 되기 때문이다.

우선 인간이라면 보편적으로 갖는 욕구들이 있다. 이에 대해 심리학자들은 '기본 욕구' 혹은 '핵심 욕구'라는 명칭을 사용해왔다. 이와 관련하여 여러 심리학자의 이론이 존재하는데 아직까지 하나로 합의된 욕구 목록은 없으며, 인간의 보편적인 욕구에 대해서는 경험적인 연구가 더욱 필요한 실정이다. 그럼에도 불구하고 몇 가지 주요 이론들은 설득력 있게 인간의 욕구를 설명하고 있다.

인간의 욕구를 탐구하다

아무래도 우리에게 가장 친숙한 이론은 미국의 철학자이자 심리학자 에이브러햄 매슬로우Abraham Maslow의 욕구 단계설이다. 하위 단계의 욕구인 생리적 욕구를 순서로 안전의 욕구, 사회적 욕구, 존경 욕구, 그리고 가장 상위 단계의 욕구인 자아실현 욕구가 있다. 한편, 제프리 영Jeffery Young이 개발한 심리도식치료에서는 '핵심적 정서욕구'라는 명칭으로 타인과의 안정 애착, 자율성·유능감·정체감, 타당한 욕구와 감정을 표현하는 자유, 자발성·유희, 현실적 한계·자기통제 등으로 다섯 가지 욕구를 명명한 바 있다. 또한 에드워드 데시Edward Deci와 리차드 라이언Richard Ryan의 자기결정성 이론에서 주장하는 기본 심리적 욕구로는 관계성, 자율성, 유능감의 세 가지 요인이 제시된 바 있다.

심리학자로서 공부하면서 개인적으로 가장 와 닿은 욕구 이론은 현실 치료Reality Therapy에서 제시한 인간의 5대 기본

매슬로우의 욕구 단계설

현실 치료 이론의 5대 기본 욕구

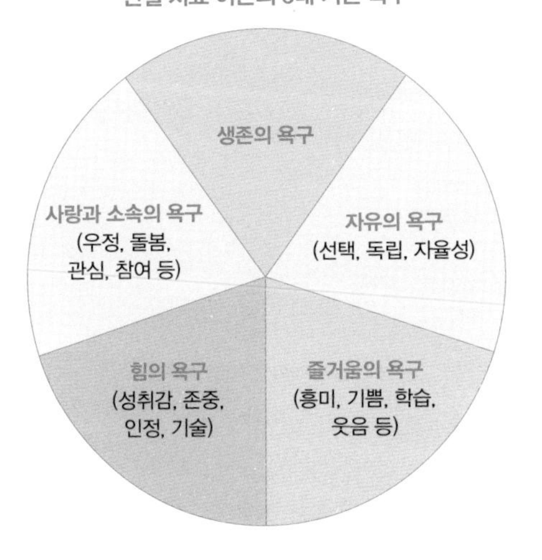

욕구다. 사랑과 소속의 욕구, 힘의 욕구, 자유의 욕구, 즐거움의 욕구, 생존의 욕구다. 피라미드 형태인 매슬로우의 욕구 단계설과 다르게 파이 형태인 현실 치료 이론에서는 욕구가 모두 평등하다는 전제를 제안하는 점이 설득력 있다고 생각한다. 반드시 어떤 욕구가 충족되어야만 다음 단계의 욕구가 발생한다는 이론보다는, 어떠한 욕구라도 동시다발적으로 발생 가능하다는 이론이 더 현실감 있기 때문이다. 우리는 '자유'를 추구하는 동시에 '사랑과 소속감'을 추구할 수 있는 존재가 아니던가? '생존'의 욕구가 강한 동시에 '재미'를 원하는 존재가 아닌가.

기본적이며
본능인 인정 욕구

현실 치료의 창시자 윌리엄 글래서William Glasser는 인간의 가장 분명한 동기는 '기쁨을 최대화하고, 고통을 최소화하는 것이며, 기쁨 혹은 고통이라는 감정의 원천은 바로 기본 욕구에 대한 만족감(혹은 불만족감)'[2]이라고 보았다. 인정 욕구로 가져와서 생각해보면 인정받고 싶은 마음은 다른 욕구들과 동시에 존재할 수 있으며, 채워졌다가도 결핍이 생길 수 있고, 강도가 셌다가 약해질 수도 있다. 나의 마음 상태에 따라, 내가 처한 환경에 따라 적절히 충족되길 바라는 하나의 욕구일 뿐인 것이다. 이렇게도 기본적이며 본능인 우리의 인정 욕구를 우리는 그동안 어떻게 대해왔는지 하나씩 살펴보는 시간을 가져보자. 그릇되게 바라보고 있는 면이 있다면 바로잡으면 될 일이다. 중요한 건, 그릇된 면을 바라볼 줄 아는 마음의 눈이기에.

자존감을 만드는 것은 타인의 인정이다

✦

타인에겐 객관화가 잘 되는데 유독 자신에게는 객관화가 어렵다고 말하는 사람이 많다. 그것은 자연스러운 일이다. 나를 제삼자처럼 멀리 떨어져서 보는 일은 쉽지 않다. 심지어 스스로를 객관화하기 어려우니 내 탓을 하게 된다. '내가 나를 인정하면 되는데, 왜 나는 이렇게 못나서 타인의 인정을 바랄까? 남에게 인정받고 싶은 내 마음이 문제야'라며 인정 욕구 탓을 하는 것이다.

충분히 이렇게 생각할 만하다. 사회 분위기가 그렇기 때문이다. '스스로를 사랑하자, 내가 나를 인정하면 된다'는 분위기로 인해, 타인의 인정을 바라는 것 자체가 부끄러운 일이 되어가고 있다. 한국인의 인정 욕구를 측정하는 척도에서도 인정 욕구를 다음과 같이 정의하고 있다.

> 인정 욕구란 다른 사람에게 인정받기 위해서 자신의 실제 모습을 기꺼이 숨기고서라도 상대방에게 인정받을 수 있는 모습에 부응하고자 하는 경향[3]

인정 욕구라는 개념 안에 자기은폐, 인정받고자 자신의 실제 모습을 숨긴다는 행동이 담겨 있다. 즉, 인정 욕구를 병리적으로 바라보는 접근에 그치는 것이다. 그렇다면 자연스럽게 인정 욕구 자체를 부끄럽게 바라보는 결과로 이어질 수밖에 없다.

인정 욕구에 관한 논문이나 책을 살펴보면 대부분의 심리학자들은 인정 욕구라는 개념을 부정적인 측면으로 사용하고 있다. 대중심리를 엿볼 수 있는 유튜브의 심리학 인기 채널에서도 인정 욕구와 관련된 대중들의 의견을 살펴보면 인정 욕구를 가진 사람을 부정적으로 보는 분위기가 강함을 쉽게 확인할 수 있다.

자존감이 높은 사람은 인정 욕구가 없다?

대중이 생각하는 인정 욕구에 대한 인식을 좀 더 자세히 살펴보자. 미희 씨는 낮은 자존감으로 고민 중이다. 자신은 왜 이렇게 자존감이 낮고 남한테 인정을 받고 싶은지 그런 자신이 너무 싫다고 생각하며 스트레스 받는다. 인정받기 위해 뭘 하는 것도 아니면서 인정만 바라고 있는 자신이 한심하다. SNS에서도 '자존감 높은 사람이 절대 하지 않는 행동이 바로 다른 사람에게 인정받고자 하는 것'이라는 글귀를 봤다. 그 순간 얼굴이 화끈거렸다.

'아, 역시 난 자존감이 낮구나. 자존감이 낮아서 인정에 목매는구나. 내가 나를 인정해야 하는데. 난 왜 그게 안 될까?'

이 책에서는 위와 같은 오해를 바로잡고자 한다. 자존감이 높은 사람이 다른 사람에게 인정받고자 하지 않는 이유는 인정 욕구가 이미 충족되었기 때문이다. 타인의 인정은 자존감이 만들어지는 과정에서 중요한 역할을 담당한다. 스스로를 긍정적으로 여기려면 근거가 필요하기 때문이다.[4]

그러므로 타인의 인정으로부터 자유로워 보이는 그 사람은 이미 타인의 인정이 충족된 상태라는 것을 간과해선 안 된다. 즉, 삶에 필요한 인정을 가족이나 친구, 연인, 혹은 심리상담 등과 같은 안전한 관계에서 확보한 상태이기에 추가적인 인정을 의식적으로 쫓지 않고 살 수 있는 '상태'인 것이다.

자존감과 인정 욕구의 상관관계

자존감이 자기인정만으로 가능하다고 오해하는 사람들이 많다. 그런데 자신을 사랑하고 존중하는 마음 또한 타인들의 인정이나 칭찬이라는 연료를 바탕으로 생겨날 수 있는 것이다. 그러므로 결과적으로 자신을 사랑하고 존중하는 마음에 의하여 자존감이 높은 상태인 사람들은 타인의 인정이 선결되어 있다. 타인과의 긍정적인 관계가 부재했던 사람이 온전히 자신만의 힘으로 스스로를 사랑하고 존중하는 마음이 생겼다는 것 자체가 인간의 관계적 속성을 배제하는 이야기다.

이 책에서는 인정 욕구에 대한 병리적인 접근을 넘어서서 우리의 순수한 인정 욕구 자체에 포커스를 맞출 것이다. 인정 욕구 자체를 부정적으로 보지 않고, 인정 욕구 안에 섞여 있는 불필요한 신념이 어떻게 우리의 삶을 힘들게 만드는지 살펴볼 것이다. 이를 위해 인정 욕구를 새롭게 정의내리고자 한다. 즉, 인정 욕구란 '인간답게 살기 위해, 다시 말해 생존하기 위해 최소한으로 필요한 사회적인 지지를 추구하는 마음 혹은 본능'이다.

인정 욕구로 힘들다면 인정 욕구 자체가 병리적인 것이 아니라, 인정 욕구 안에 우리를 괴롭히는 다른 심리 요소가 자리잡고 있을 것이다. 그리고 그렇게 된 데에는 개인의 사정이 있다. 우리는 이 책에서 인정 욕구가 나를 해치는 방식으로 작동하게 되는 메커니즘을 해체하고, 인정 욕구가 보다 긍정적이고 건강하게 작동할 수 있도록 문제를 해결할 수 있는 내가 되는 데 집중할 것이다.

인정 욕구를 건강하게 충족하는 것은 쉬운 일이 아니다. 그렇다고 인정 욕구를 무시하고 살 수도 없다. 우리의 욕구를 알아차려주지 않는 것은 내 안의 고유의 목소리를 부정하는 일이기에. 그러니 아무리 노력해도 내가 바라는 인정이 오지 않는다고 느낀다면 잠시 멈춰 내 안의 인정 욕구를 바라보는 것부터 시작하자. 타인의 인정을 바라는 나를 한심하게 여기며 '나는 왜 스스로를 인정하지 못하지?'라고 생각한다면 나를 위한 방향으로 나아가기 어렵다. 그것은 타인의 인정이 중요한 부분임을 망각해버리는 생각이기 때문이다. 지금의 마음에는 그럴만한 나만의 이유가 분명히 있다. 그 이유를 찾아가는 길의 시작에서 이제 '인정'의 본질적 특성을 정리해보자.

인정 욕구는
호모사피엔스 종의 본성이다

재진 씨는 따뜻한 성격이다. 사람들과 있을 때 재진 씨는 다른 사람들의 이야기를 잘 들어주며, 공감도 잘한다. 그렇게 자신이 가진 다정함을 마음껏 발휘하고 온 날은 뿌듯하다. 그래서인지 재진 씨를 찾는 사람들이 많다. 재진 씨 또한 사람들이 자신을 좋아해주고 찾아주는 게 좋은 따스한 성격이다. 언제 찾아가도 자신의 일처럼 함께 고민해주고 객관적인 이야기를 해주는 재진 씨를 의지하는 사람이 많다. 재진 씨는 이렇게 자신을 찾아주는 사람들이 많다는 사실이 기쁘면서도 한편으로는 자신도 그렇게 누군가에게 의지하고 싶다. 그런데 그렇게 의지하게 되면 너무 의존적인 사람이 될까 봐 선불리 자기 얘기를 하기가 어렵다. 그렇게 다른 사람들의 고민을 들어주는 역할만 하다 보니 한편으로는 조금 지친다는 생각도 든다. 밤늦게 갑자기 울리는 전화에 2~3시간 동안 고민을 들어주는 것도 이젠 부담스럽다. 이런 자신을 이용하는 사람들도 생기는 것 같다. 힘들 때만 찾는 것이다. 그럴 때면 재진 씨는 이렇게 들어주는 역할을 해야만 사람들이 자신을 찾아주는 걸까 좀 회의가 든다. 따스함은 포기하고 싶지 않은데 말이다.

사회적 감정을 연구하는 뇌과학자 김학진 교수는 '인정 욕구'에 대해 다음과 같이 말했다.

> 타인으로부터 사회적 보상을 얻기 위한 인정 욕구는 인간이라는 종을 다른 종들과 구분하는 가장 핵심적인 특성이다.[5]

보상이라는 개념으로 인정 욕구를 생각해보면 재진 씨가 왜 그토록 사람들의 인정을 필요로 하는지 쉽게 이해가 된다. 심리학에서 '보상reward'이란 우리가 좋아하는 것이나 원하는 것, 혹은 나에게 이로울 것 같은 모든 것을 뜻한다. 보상에 민감한 특성, '보상 민감성reward dependence'은 나에게 이로울 것 같은 자극(보상신호)에 반응하는 경향성으로 '저거 왠지 끌리는데? 저거 왠지 좋을 것 같은데?'라고 무의식적으로 반응하는 우리의 특성이다. 그리고 보상을 추구하는 정도, 즉 보상에 대한 민감성은 개인마다 다르다.

인간은 인정을 바라고 서로 주고받는다

인간의 마음을 연구하는 학자들은 보상을 위와 같이 생존과 직결되는 1차적 보상(물, 음식 등)과 1차적 보상을 얻을 수 있도록 도움이 되어주는 2차적 보상(돈, 인정, 사회적 지위 등과 같은 사회적 보상 등)으로 나누어 본다. 또한, 2차적 보상은 종류에 따라 '사람 관련 보상'과 '성취 관련 보상'으로 크게 구분할 수 있다. 내가 나에게 물을 주고 밥을 줄 순 있지만(1차적 보상) 내가 타인이 되어 나에게 인정과 관심과 사랑을 줄 순 없는 일이다(2차적 보상). 그렇기 때문에 재진 씨가 아무리 듣는 역할에 지쳤다 하더라도 타인의 인정을 포기하긴 어렵다. 그것은 2차적 보상이 없는 삶을 선택한다는 말과 같기 때문이다. 따라서 재진 씨에게는 듣는 역할 이외에도 2차적 보상까지 누릴 수 있는 다른 사회적 대처 스킬이 필요한 상황이다.

인정 욕구는 우리 호모 사피엔스라는 종의 본질적 특성이다. 인간의 생존에 있어서 다른 개체로부터의 인정은 필수적이다. 다른 개체로부터 인정받지 못하는 호모 사피엔스는 생존할 수 없었기 때문이다. 따라서 우리의 모습을 잘 설명해줄 수 있는 특성이 바로 사회적 보상이다. 즉, 인정을 바라고, 인정을 주고받는 모습이다.

인정은
마일리지처럼 쌓인다

윤희 씨는 최근 이직한 회사에서 적응하기가 어렵다. 이전 회사와는 다른 업종이라 회사의 사업을 파악하는데도 힘이 들었는데, 더 어려운 건 부서 내에서의 적응이었다. 하지만 회사에서 힘든 일이 있을 때마다 윤희 씨는 속으로 생각한다.

'어릴 때부터 아버지는 '윤희는 뭐를 해도 잘 될 거야'라고 해주셨어. 그리고 실제로 내가 이룬 성취들도 분명 있었어. 그러니까 이번에도 잘 이겨낼 거야. 조금 힘들어도 방법을 찾아보자!'

그런 윤희 씨를 보는 친구들은 이렇게 말한다.

"윤희야, 너는 힘든 상황에서도 자존감이 바닥을 치는 모습을 본 적이 없는 것 같아. 조금 기운 없어 보이다가도 또 일어나서 할 일 하는 모습이 신기하고 멋지다."

윤희 씨는 살면서 힘든 일이 있어도 '어떻게 해결할 것인가?'에 대해 고민할 뿐, 자존감 문제로까지 확장시키지 않았다.

그저 조금 자신감 떨어지는 상황이 있을 뿐이고, 또 잘 대처하면 될 것이라고 자신을 믿고 있다. 윤희 씨는 자각하지 못하고 있지만, 지금까지 30년을 살아오면서 받아왔던 사람들의 인정을 기억하고 있기 때문이다.

이처럼 우리는 타인으로부터 인정받는 순간의 달콤함을 저장한다. 보상에 끌리는 건 인간의 본능이기 때문이다. 인간은 강력한 외부 자극에 자동적으로 반응하며, 인정의 순간은 큰 보상이 되어 뇌에 각인된다.

이와 같은 원리로 인정 욕구가 충족된 감각 또한 내면에 저장된다. 인정받지 못해도 전혀 상관없어 보이는 사람도 있다. 많은 사람이 그를 보며 인정에 연연하지 않는 사람이 되기를 원한다. 그러나 그 사람은 자기가 자기 자신을 인정하는 사람이 아니라, 가족, 우정, 연애, 심리상담 등의 관계로부터 그 전에 받았던 타인의 인정을 인출해서 쓰는 중이라고 봐야 한다.

인정 총량의 법칙

누군가로부터 늘 무조건적인 인정을 받기는 현실적으로 어렵다. 그렇지만 살아오면서 중요한 사람에게 인정받고 존중받았던 경험은 분명히 저장된다. 늘 인정받았던 경험이 아니라, 질적으로 내 마음에 와닿는 인정을 경험하는 것이 중요하다. 이렇게 인정받은 경험은 축적되어 나 자신에게도 더 긍정적인 마음, 즉 자신을 돌보는 태도가 만들어진다. 이러한 경험이 어린 시절 충분치 않았다고 해도 성인이 되어서 경험을 통해 쌓을 수 있다.

예를 들어, 심리상담에서는 있는 그대로 존중받는 경험이 치유의 필수 요소다. 따라서 상담자는 내담자가 충분히 수용받고 돌봄받는 느낌을 받을 수 있도록 '무조건적 긍정적 존중unconditional positive regard'의 환경을 만들어야 하는 책임을 지닌다. 즉, 상담자는 내담자가 자신을 온전하게 드러낼 수 있도록 편견 없이 바라보는 심리상담 환경을 조성해야 하기에 전문적인 심리상담에서 내담자는 존재로서 온전히 인정받는 경험을 하게 된다.

요약하면, 흔히 자존감이 높아 보이는(그래서 상대적으로 맷집이 좋아 보이는) 사람은 자신이 누군가로부터 받았던 인정의 총량에서 인정 경험을 꺼내 쓰고 있는 상태라고 보는 것이 합리적인 해석이다. 반면 맷집이 안 좋아 보이는 사람은(그래서 자존감이 쉽게 바닥을 치는 사람은) 인정의 총량 자체가 적어서 꺼내 쓸 인정이 부족하기에 건건이 인정을 받아야 마음이 편한 상태인 것이다. 즉, 지금까지 저장된 인정의 총량이 적은 상황이라고 볼 수 있다.

2장

우리가 인정 욕구를 오해한 이유

엇나간 인정 욕구가 자존감을 훼손한다

희은 씨는 최근 멘탈이 심각하게 흔들려 상담을 신청했다. 2년 넘게 준비하던 세무사 시험에 떨어진 작년 말부터 몇 개월째 시험 생각만 하면 계속 눈물이 나면서 몸도 안 좋아지고 밤에는 잠도 자지 못하고 있다. 오늘도 거의 아침에 잠들어 오후 2시에 일어났다. 낮에는 맥을 못 추고, 잠이 올 때까지 유튜브나 넷플릭스를 보면서 시간을 보낸다. 그러면서도 걱정이 끊이질 않는다. '내가 이 시험을 계속 준비하는 게 맞나? 이 시험을 포기하면 사람들이 나에게 실망하지 않을까?' 원래는 주위에 사람도 많았던 그녀는 시험에 떨어지고부터는 사람들 만나기를 그만뒀다.

인생에서
처음 맞이한 실패

누가 봐도 정말 열심히 시험 준비에 임했던 희은 씨는 당연히 시험에 붙을 거라 믿었고, 시험 친 후에도 잘 본 느낌이 들었다. 그런데 결과를 확인해보니 1점 차이로 탈락한 것이다. 처음에는 많이 실망하면서도 거의 다 왔으니까 조금만 더 하면 되겠다고 스스로를 다독였다. 그런데 갑작스럽게 목 디스크가 왔다. 목이 너무 아파 책상에 앉아있을 수 없었다. 누워도 힘들었다. 그렇게 자꾸 시간을 보내고, 공부를 못하는 시간이 계속될수록 불안해졌다. 부모님의 권유로 치료에 전념하며 한 달을 쉰 후, 다시 공부를 시작했는데 예전에 공부했던 게 기억나지 않았다. 공부를 하면 할수록 알고 있었던 지식도 까먹어서 너무 불안한 상황이 계속 되었다. 인터넷 강의에서 작년 시험문제를 리뷰할 때마다 '내가 너무 사소한 걸 놓쳤어!'라는 생각이 들어서 자신에게 너무 화가 났다. 집중력은 점점 더 떨어지고, 시험만 생각하면 불안감이 극심해졌다. 점점 자신의 지능에도 문제가 생긴 것 같아 무서웠다. '이 상태로 공부를 이어갈 수 있을까?' 의심이 들기 시작했다.

게다가 같이 스터디를 하며 친하게 지냈던 사람들은 이번 시험에 모두 통과했다. 당연히 자기도 붙을 거라 생각했는데 스스로에 대한 기대치를 충족 못한 자신에게 너무 화가 났다. 인생에서 이런 일이 처음이었다. 지금까지는 노력한 만큼 좋은 결과가 따랐던 희은 씨에게 난생처음 경험하는 실패였던 것이다. '나는 더 잘했는데 왜 떨어진 거지?', '나보다 더 못하던 사람들은 붙었는데?' 억울했다. 1점이라는 한 끗 차이가 결과에 승복하지 못하게 만든다고 생각했다. 겨우 1점 때문에 1년을 더 뒤처져야 한다는 것이 너무 화가 났다.

희은 씨는 살아오면서 마음먹은 것은 다 이루는 결과에 익숙했다. 하려고 하면 다 됐었다. 안 되는 쪽은 가지도 않았다. 안 될 것 같은 것은 빠르게 그만두고 안전하게 될 것 같은 길로만 계속 걸어왔다. 그런데 인생 최초로 안 되는 결과를 맞이한 것이다.

희은 씨에게는 어떤 선택을 하든 '성공'과 '실패' 두 가지의 옵션 중에 하나의 결과만 있었다. 지금까지는 성공, 즉 인정받는 결과만 얻어왔던 희은 씨는 그것이 당연하고 절대적이라고 믿어왔다. 그리고 노력과 함께 운도 따라주어 성공이라는 옵션만을 쟁취해왔다. 그런 그녀에게 난생처음 기대하지 않았던 옵션(시험 탈락)이 찾아왔고, 그녀는 그 한 번의 탈락을 실패로 낙인찍었다. 그리고는 도저히 실패라는 옵션을 받아들일 수가 없었다. 인정받지 못하는 자신은 납득할 수 없었다. 그렇게 한 발자국도 앞으로 나아가지 못하는 얼어붙은 상태가 되어 몸도 마음도 무너졌다.

이분법적 사고와 인정 욕구

희은 씨의 모습은 인정 욕구가 나를 해치는 시대를 사는 사람의 전형적인 모습이다. 희은 씨의 내면에는 '인정받지 못하는 나는 무가치한 존재야'라는 절대명제가 살고 있다. 즉, '인정받지 못하는 순간이 하나라도 존재한다면 아무런 소용이 없다'는 신념이 나를 지배할 때 다음과 같은 모습이 나타난다.

'나는 언제나 최고의 성과를 내야 해'

↓

'성과를 내지 못하는 나는 가치가 없어'

이러한 절대명제가 나를 지배할 때, 인정받지 못하는 순간을 참을 수 없게 된다. 그런데 어떻게 살면서 인정만 받고 살 수 있을까? 만약에 희은 씨처럼 지금이 생애 최초의 '인정받지 못하는 상황'일지라도, 그 사실이 그녀가 무가치하다고 단정 지을 순 없다. 인정을 바라는 것 자체가 문제가 아니라, 인정받지 못하는 '새로운' 상황을 받아들이고, 현재 상황에서 인정 욕구를 충족할 방안, 문제 해결에 집중할 줄 아는 사람으로의 성숙이 필요하다.

희은 씨의 사례는 우리가 많이 하는 실수인 이분법 사고의 대표적인 예다. 이분법 사고가 득이 되지 않음을 머리로 알고 있다 생각하지만 실제로 그로부터 자유롭지 못한 경우가 많다. 감정 기복이 심한 사람들을 상담해보면 이분법 사고가 자주 나타난다. 많은 연구에서도 이분법 사고는 우울과 불안, 완벽주의와 관련되어 있기에 관심을 가질 필요가 있다.

이분법 사고는 상황을 판단할 때 연속선상에서 보기보다는, 단 두 개의 옵션만 보는 현상이다. 자주 나타나는 언어 습관으로는 나는 '항상', '절대로', '반드시', '완벽하게'와 같은 극단적인 형용사를 사용한다. 0 아니면 1이라는 사고 방식은 본인이 원하는 답이 아닐 경우 정신적으로 무너질 수 밖에 없는 구조로 자신을 몰아부친다. 1(성공)만이 옳다고 생각하는 희은 씨는 0(실패)을 절대로 용납할 수 없기에 0을 자신의 삶에 받아들일 수 없다. 늘 인정받을 순 없는 것이 현실이기에 인정받지 않음도 수용이 필요한 영역일 뿐인데 말이다.

더 큰 문제는 이분법 사고를 보유할 경우 기분의 기복으로 인해 자존감 또한 불안정해진다는 점이다. 실제로 연구에서는 일기를 통해 매일의 사건, 기분, 자존감을 평가해본 결과, 이분법 사고를 하는 집단이 부정 기분의 평균적 강도가 높고, 기분의 진폭 또한 컸다.[6] 현실에서도 감정 기복이 심할 경우, 심리적으로 불편감을 호소하는 사람들이 많다.

이분법 사고는 안정감 획득을 방해하며, 인정 욕구와 만난다면 자존감 훼손까지 이어지게 된다.

왜곡된 인정 욕구가 우울감을 부른다

일이나 다른 영역에서는 나름 살아오면서 매뉴얼과 같이 대처 스킬을 터득했지만, 관계만큼은 늘 힘들다던 여은 씨의 경우를 살펴보자. 여은 씨는 몇 달 전, 중학교 동창들을 만나러 간 자리에서 친구 한 명의 말을 듣고 기분이 상했다. 여은 씨가 회사에서 힘들었던 일을 이야기했더니 그 친구는 오히려 여은이 잘못했다고 말했다. 당황한 여은 씨는 대충 얼버무린 후 화제를 돌렸다. 문제는 집에 와서도 내내 기분이 좋지 않았던 것이다. 그 이후로 점점 그 친구를 보기가 싫어졌다. 다같이 모이는 자리가 생겼지만 여은 씨는 나가지 않았다. 그 친구를 보기가 불편했다. 그런데 그렇게 관계가 불편해질 때마다 여은 씨는 혼잣말로 자기를 탓한다. '난 정말 왜 이 모양 이 꼴일까….' 그 관계가 무엇 때문에 틀어졌는지에 대한 원인 분석은 하다 멈춰버리고, 내 탓이라는 추상적인 결론으로 생각이 마무리된다.

'또 내가 뭔가 실수한 거야.'

기분은 엉망이 되고 우울감에 빠진다.

집에서도 이런 일이 종종 있다. 엄마의 잔소리를 들으면 기분부터 상해버린다. 새로 산 옷에 기분이 좋다가도 여은 씨를 보며 '왜 그런 옷을 입었어?'라는 엄마의 말에 곧장 기분이 나빠진다. 예쁘다는 말은커녕 평가받는 것 같아 기분이 나빴지만, '내가 왜 이렇게 화가 나지? 난 왜 이렇게 기분이 들쑥날쑥한 거야?'라며 자신을 탓하기 바쁘다. 그런 날은 하루를 망치고 만다. 그렇게 매일 우울감을 느끼며 살아가는 삶이 참으로 지겹다고 느낀다.

자신을 탓하며 우울해진다

여은 씨처럼 지금 내가 느끼는 감정이 무엇 때문에 생기는지 잘 알지 못한 채 우울하게 살아가는 사람들이 많다. 그래서 자신의 마음을, 내가 진짜로 원하는 것을 찾기 위해 심리상담을 하러 찾아온다. 자신의 진짜 마음을 알고 싶다는 사람들의 이야기를 들어보면 욕구에 좋고 나쁨을 판단하는 경우가 많다. 그렇지만 사실은 진짜 마음을 '모른다'기보다는 '외면한다'라는 표현이 더 가깝다. 내 안에서 다양한 목소리가 어떤 것을 원한다고 소리치지만, 그 목소리를 감독하고 검열하는 내 안의 또 다른 나는 타인에게 좋아 보일 만한 욕구만 허용한다. 진짜 나의 욕구는 무시해버린다. 그렇게 잠시 동안은 사회가 원하는 모습으로 행동할 수 있어도 끝까지 나 스스로는 속일 수가 없다. 그래서 마음은 자주 고통스럽다.

여은 씨의 경우에도 '사람들로부터 좋은 말을 듣고 싶다'라는 지극히 보편적인 인정 욕구를 읽어주지 못했다. 그저 사람들의 직설적인 말로 감정이 상한 데서 마음이 머물러 있다. 감정 이면의 인정 욕구를 읽어주는 단계까지 가지 못했기에 나의 우울한 감정은 해소되지 못하고 쌓여만 간다.

직관적이고 간명하고 본능적인 것이 진짜 나의 욕구다. '사람들로부터 인정받고 싶다'라는 마음은 자연스럽다. 인간이라면 자신의 존재감을 인정받고 싶은 것이 무엇이 문제란 말인가. '인정받음'이 아니면 '인정 욕구를 없는 셈 치며 살아감'처럼 0 아니면 1의 사고방식으로 나의 욕구를 분열시킨다면 감정은 더욱 요동을 친다.

여은 씨처럼 '내가 괜히 사람들의 말 한마디 한마디에 휘둘리고 있네. 그냥 내가 나를 괜찮다고 인정해주면 될 텐데…'라고 생각하며 자신의 인정 욕구를 부끄러워하거나 억압까지 해버린다면 내 안의 감정은 더욱 요동칠 것이다. 이면의 욕구가 해소되지 않는다면 감정은 사라지지 않기 때문이다.

욕구에는 선악이 없으며, 복잡한 논리를 쌓아야 간신히 나를 이해시킬 수 있는 것은 진짜 욕구가 아니다. 심플하게 '인정받고 싶다'라고 내 안의 목소리가 말한다면 나는 인정받고 싶은 것이다. 나 자신에게 납득시킬 필요도 없을 정도로 인정 욕구란 인간의 기본 욕구다.

그럼에도 불구하고 인정 욕구를 원하는 내 마음에는 '이것이 옳은가 나쁜가?'라는 식의 가치판단이 따라온다. 결핍된 내 욕구 자체가 옳고 그른지를 평가하는 데 머무는 행위는 내 안의 인정 욕구를 부정하는 행위인데도 불구하고.

부정 정서와 인정 욕구

충족되지 못한 욕구에 대한 대가는 갖가지 부정 정서로 나타난다. 보편적으로 느끼는 정서는 '우울감'이다. 일상에 깔려 있다. 우울감은 "피곤해, 짜증나"와 같이 표현되기도 한다. 그만큼 지친 감정이다.

다음으로 텅 빈 느낌을 많이 호소한다. 이렇게 혼자 있을 때 느끼는 텅 빈 느낌을 심리학에서는 '심리적 공허함 psychological emptiness'[7, 8]이라고 부른다. 절망감을 느끼고, 내가 나를 부정하며 스스로를 혐오하는 느낌까지 받는다. 이러한 공허감은 '수치심shame'이라는 감정에 뿌리를 두고 있다. 수치심은 수치심이란 단어를 언급하는 것조차 수치스럽게 느껴지기에 공개적으로 자주 언급되는 문제는 아니다. 그렇지만 많은 사람이 아무도 모르게(혹은 무의식적으로) 은밀하게 느끼는 대표 감정이기도 하며, 인정 욕구에 좌절된 마음과도 밀접하게 연결된다.

수치심은 자신을 부끄러워하거나, 얼굴이 화끈거릴 때, 내가 나를 부적절한 사람이라고 느끼거나, 무능한 사람이라고 믿을 때 올라오는 감정이다. 수치심은 죄책감과 같이 특정 행동을 잘못했을 때 나타나는 현상과는 다르다. 도덕적으로 나쁜 행동을 하지 않았을 때에도 수치심을 느낄 수 있다. 근거 없이 내가 부끄럽고, 이런 나를 들킬까 봐 두렵다. 수치심 또한 보편적인 인간의 감정이다. 단지, 공공연하게 드러나지 않을 뿐이다. 누구나 수치심을 느낄 수 있으며, 오히려 수치심을 느끼지 못하는 것이 심리적으로 건강하지 않은 상태일 수 있다.

인간으로 살아가면서 부끄러움을 몰라 문제가 되는 경우가 적지 않다. 도덕적으로 부끄러워야 할 상황에 부끄럽지 않다면 문제는 반복된다. 부끄럽지 않아도 될 때 부끄러움을 느끼는 경우에도 문제다. 수치심을 느낄 때 이 수치심은 무엇을 말하고 있는지, 내가 왜 이런 감정을 느끼고 있는지를 살펴보면 그 이면에는 충족되지 못한 인정 욕구가 맺혀 있을 수 있다. 인간의 모든 사회적 감정 이면에는 인정 욕구가 자리 잡고 있다는 건 심리학적으로도 수없이 밝혀진 사실이기에. 그러니 인정 욕구를 버릴 것이 아니라, 인정 욕구를 충족시킬 방법을 현실에서 찾는 것이 건강한 접근이다.

과잉된 인정 욕구가 완벽주의자를 만든다

인정 욕구가 완벽주의가 될 때 '모두'에게 인정받고 싶은 마음이 나타난다. 진서 씨의 경우처럼 말이다. 진서 씨는 어린 시절부터 착한 역할을 기대받으며 성장했다.

'첫째니까 동생들 챙겨야지'

부모님의 말씀대로 동생들 챙기는 게 당연한 몫이라는 생각에 집에서도 말 잘 듣는 첫째 딸 역할에 충실했다. 학교에서도 문제를 일으키지 않는 학생으로 자라났고, 대학에 가서도 갈등을 일으키지 않으려 노력하는 데 에너지를 쏟아부었다. 전반적으로 무리 없이 자신에게 맡겨진 역할에 최선을 다하며 살기 위해 애썼다.

그렇게 하나 둘씩 노력하다 보니 엄마가 된 지금도 모든 영역에서 완벽하려 한다. 가족을 챙기는 것과 같은 일상적인 일부터 일터에서도 일과 관계 모두 완벽하게 관리하기 위해 누구보다 애쓴다. 그 누구도 자신을 싫어해서는 안 되며, SNS에 보이는 모습까지 완벽하게 챙긴다. 모두가 자신을 완벽한 사람이라고 봐야 한다.

완벽해질수록
나 자신에게 소홀해진다

진서 씨는 노력만 한다면 완벽한 삶을 만들 수 있다고 믿으며 여기까지 왔다. 그렇게 그 누구에게도 흠 잡히지 않으려 노력했던 진서 씨의 삶은 완벽해 보였다. 안정적인 직업에 멀쩡해 보이는 가족까지. 그러던 어느 날 갑자기 그녀의 몸에 큰 이상 신호가 찾아왔다. 몸의 여러 장기에서 혹이 발견된 것이다. 다행히 암으로 가기 직전의 상황이었고, 모든 걸 멈추고 입원하여 큰 수술을 마쳤다. 진서 씨는 입원한 동안 난생처음 자신의 삶을 돌아보았다. 그녀는 그저 주어진 것에 최선을 다하며 살아왔다 생각했는데 문득 억울한 마음이 들었다.

'내가 인정받으려고 얼마나 열심히 살았는데 나한테 이런 병이 올 수가 있어?'

진서 씨는 타인의 인정에 목숨을 바칠 정도로 노력했으면서 정작 스스로는 돌보지 못했음을 한탄했다. 그러나 진짜 문제는 인정 욕구가 아니다. 인정 욕구가 자신을 해치는지 모른 채 살아온 것이 문제다. 자신의 인정 욕구 탓을 하는 것은 근본적인 대책이 아니라 문제 해결을 외면하기 위한 합리화로 작동한다. 현실의 문제를 해결하기엔 복잡해 보이기에 지금의 방식에서 벗어날 생각을 하기가 어려운 것이다. 그러나 실제로는 문제 해결을 방치하고 있는 상황을 바로잡아야 한다.

진서 씨의 경우에도 자신의 몸과 마음을 해치지 않으면서 자신의 상황에서 인정받을 수 있는 삶으로 탈바꿈해야 한다. 즉, 완벽주의를 버릴 것이 아니라, 건강하게 완벽주의를 발휘할 수 있는 방식이 필요하다. 그러나 소셜 미디어(이하 SNS)가 발달하면서 개개인의 인정 욕구는 더욱 강해졌고, 건강하게 완벽주의를 발휘하기가 더욱 힘들어졌다.

SNS의 발달로 인해 욕구의 단계도 달라지다

매슬로의 욕구 단계설에 따르면 세 번째 단계인 애정과 소속의 욕구와 네 번째 단계인 존중의 욕구가 타인과의 관계를 통해 얻고자 하는 인정 욕구라고 볼 수 있다. 그런데 이 모델은 21세기에 맞게 재해석하는 움직임들이 생기고 있다.[9]

가령, 매슬로의 첫 번째와 두 번째 단계인 생리적 욕구와 안전의 욕구를 통합(NEW 첫 번째 단계)하되, 접근성과 평등의 욕구(NEW 두 번째 단계)와 같이 매슬로 시대에는 없던 커뮤니케이션 도구를 활용하는 세계관을 도입한 것이다. 이 모델에서는 건강과 자율의 욕구 다음(NEW 세 번째 단계)으로 애정과 존경의 욕구(NEW 네 번째 단계)를 제안했다. 그리고 가장 상위에는 집단적 유산의 욕구(NEW 다섯 번째 단계)를 두었다. '다음 세대에게 무엇을 남길 것인가?'에 대한 고민이 담긴 욕구다. 윤리, 창조물, 기여, 세월이 흘러도 변치 않는 것들에 대한 욕구가 여기에 포함된다.[10]

특히 SNS상에서 자신의 존재감, 팔로워들의 관심과 폭넓은 사회적 인정은 디지털 세계에 익숙한 세대에게 매우 중

21세기 상황에 맞춰 수정한 매슬로의 욕구 단계설

요한 욕구이며, 강력한 성장 동기가 될 수 있다고 분석했다. SNS에서 보이는 삶 역시 실제 삶의 일부인 세상에서 살아가고 있는 지금, 인정 욕구가 나를 해치지 않는 모습은 어떨까? 그림을 그려볼 차례다.

인정 욕구를 건강하게 충족시키는 사람

혜선 씨는 두 번째 회사로 이직한 지 5개월 정도 되었다. 경력직으로 입사했기에 첫 번째 회사보다는 조금 더 책임감이 커졌다고 느끼는 와중에 지난달 대리로 진급했다. 이제는 사원이 아니라 관리자 역할까지 기대받는 포지션에 올라가다 보니 심적으로 압박감이 큰 상태다. 정확히 모르는 일도 잘해야 한다는 생각에 스트레스도 심해졌다. '어떻게 하면 새롭게 맡은 일에 적응을 할 수 있을까?' 고민하던 중 혜선 씨는 지난 직장에서의 경험을 떠올렸다.

첫 회사에 입사했을 때도 사원이긴 했지만 처음 맡는 프로젝트 앞에서 지금과 비슷한 부담감을 느꼈던 것을 기억했다. 그리고 그때 선배들에게 묻고, 동종 업계 사람들과 소통하며 프로젝트를 어느 정도 성공적으로 완수했다. 과정은 쉽지 않았지만, 성과에 만족했다. 상사에게 인정도 받았다. 그렇게 부딪히고 배워가면서 '나는 할 수 있는 사람이네'라고 깨달았던 것을 기억해냈다. 그리고는 다음의 생각에 이르렀다.

'그래! 내가 첫 회사에서도 인정받았던 게 있지. 나는 적응하면 또 잘할 수 있는 사람이야. 그럼 지금 내가 새로운 일에 적응하기 위해 필요한 게 뭘까? 누구한테 도움을 요청하면 될까? 직속 상사는 좀 부담스러우니까, 옆 부서 대리님에게 도움을 좀 구해봐야겠다. 대리 직급 경험이 더 많으시니, 어떤 도움이든 받을 수 있겠지. 오늘은 고생했으니 일단 쉬자.'

사람은 어떻게 인정받지 못하는 상황을 견딜까

인정 욕구를 건강하게 충족하는 사람은 내가 지금까지 받아온 인정, 잘했던 것, 내가 할 수 있는 것 등을 기억하기에 당장 인정받지 못하는 스트레스 상황에서도 쉽사리 무너지지 않는다.

인간이 생존하기 위해서는 자원resources이 필요하다. 지상, 지하자원이나 생물, 광물 자원 등과 같은 자원에서부터 인적 자원에 이르기까지 자원의 종류는 무한하게 많다. 개인의 삶에서도 필요한 자원은 무수히 많다. 여기에는 물질적인 자원뿐만 아니라 사회적인 자원까지 포함하고, 이는 매우 중요한 자원이다. 우리에겐 스트레스 상황에서 문제를 해결할 수 있는 자원을 시의적절하게 사용할 수 있는 대처 능력이 필요하다. 누구나 스트레스를 받지만, 스트레스를 원활하게 해결할 수 있는 자원이 풍부하다면 아무리 힘든 상황이라도 다시 일어날 수 있기 때문이다. 자원을 사용하기 위해서는 우선 내가 사용할 수 있는 자원이 무엇인지, 즉 나의 가용 자원을 파악하는 능력이 필요하다.

혜선 씨는 다음 날이 되자마자 옆 부서 대리 Y에게 메신저로 말을 걸었다.

"선배님, 혹시 시간되시나요? 제가 업무 관련해서 좀 헤매고 있는데 질문 드려도 될까요?"

Y는 함께 점심 먹으며 얘기해보자고 답했다. 혜선 씨는 흔쾌히 시간을 내어준 Y에게 고마웠다. 점심을 먹으러 가면서도 Y에게 고마운 마음을 전하면서 대화를 이끌어갔다.

혜선 "선배님, 제가 맡은 프로젝트 있잖아요. 저는 서포트만 하던 입장이라 제가 혼자서 기획안을 완성해본 적은 없거든요! 이번에 저보고 기획안을 처음부터 끝까지 작성해오라시는데…. 막막해서요."

선배Y "기획안 쓰는 일이 쉬운 일은 아니죠. 전 지금도 어려워요. 기획안 잘 쓰는 능력은 따로 배워야 하는 영역 같아요. 그런데 하다 보면 늘긴 하는 것 같아요. 혜선 씨는 어떤 기획을 하고 싶은가요?"

혜선 "아직까지 주제는 생각도 못했어요. 멋진 기획을 만들고 싶은데, 부담감에 시작을 못하고 있어요."

선배Y "우선 기획안에 필요한 업무 프로세스를 밟는 것이 중요해 보여요. 이번 기획에서 주요하게 해결하고 싶은 이슈부터 분석하는 것이죠. 하나씩 하다 보면 혜선 씨가 말하는 것처럼 진행이 되고 있을 걸요?"

혜선 씨는 선배와 얘기하며 깨달았다. '잘하려는 마음'이 앞서다 보니 인정받는 결과에만 집착했던 자신의 모습을 발견한 것이다. 그 사실을 깨닫고는 스스로에게 이렇게 말해주었다. '자, 처음부터 차근차근 해보자.'

인정 욕구를 조절할수록 저절로 인정이 따라온다

혜선 씨처럼 인정 욕구를 건강하게 충족하는 사람은 인정을 원하는 정도가 과하지 않도록 넘치는 순간을 인식하여 조절한다. 그렇게 스스로의 페이스를 조절하며, 해야 할 역할에 충실하다면 인정은 자연스럽게 따라오기 마련이다.

선배와의 대화를 통해 과한 인정 욕구를 조절하기로 한 혜선 씨는 차근차근 기획안 작성에 몰입하기 시작했다. 그런데 자꾸 성과만 재촉하는 팀장님이 원망스러운 마음이 한 번씩 들었다.

하지만 자신의 마음을 다스리며, 지금 당장 인정해주지 않는 팀장님을 원망하는 데 에너지를 쓰지 않기로 한다. 그렇게 자신이 가진 자원만큼 사용하여 현재에 집중한다. 이렇듯 인정 욕구를 건강하게 충족하는 사람은 가용 가능한 자원을 사용한다. 현재 시점에 타인의 인정이 오지 않거나 인정 욕구가 당장 충족되진 않더라도, 현재를 버티면서 문제를 해결하는 데 자신의 에너지를 사용하는 것이다.

2부

내 안에 있는 4개의 인정 욕구

수없이 다양한 성격 중에서 인정 욕구를 잘 드러내는 성격이란?

2부에서는 인정 욕구를 충족하지 못해 자신을 해치는 방식으로 살아가는 네 명의 사람을 만나볼 것이다. 세상에는 수많은 성격이 있고, 이 글을 쓰고 있는 나의 성격과 당신의 성격 또한 다르며, 똑같은 성격이란 없다. 그리고 우리 중 인정 욕구로부터 자유로운 사람 또한 많지 않다. 다르면서 비슷한 우리 인간이라는 존재의 특징, 인간의 개별성과 보편성 두 가지를 묘사하기 위해 꽤 오랜 시간 고민했다. 나 같으면서도 나 같지 않은 타인을 보면서 나와 그를 이해해볼 수 있는 시간이 되길 바라면서.
고민 끝에 2부에서는 우리 안에 있는 대표적인 인정 욕구들을 꼽아보았다. 이제부터 네 명이 자신의 삶을 살아가는 시선으로 따라가보자. 그런데 하나 주의할 점이 있다. 그들의 삶이 때로는 병리적으로 보이고, 때로는 비정상처럼 보일지라도 그것은 그 삶의 일부일 뿐이며, 우리 모두에게는 그러한 순간들이 있다는 점을 기억하는 것이다. 무엇보다도 중요한 건 타인의 취약성을 비판적으로 바라보는 것에서 그치기보다, 내 안의 취약성은 무엇인지를 인지하고 수용하며 성장의 단계로 나아갈 수 있는 능력이다.

3장

자기애 과잉형
×
인정 욕구

: 모든 사람이 나만 인정해야 해

부풀려진 자기애

체크리스트

빛나는 나를 보여주고 싶다는 욕구를 정확히 포착한 SNS는 인스타그램이다. 적어도 자기의 공간에서는 내 삶에서 최고로 빛나는 순간을 편집하여 세상에 전시할 수 있다. 그곳에서는 과시할수록 '좋아요'를 받는다. 멋짐이 최고의 가치인 공간이다. 코로나가 우리의 삶을 뒤흔들기 시작한 2020년에 출간된 책, 《인스타그램에는 절망이 없다》(정지우 지음, 한겨레출판, 2020년)를 인상 깊게 봤다. 당시 나는 인스타그램을 할 때마다 '이게 무슨 의미가 있나?' 고민했고, 시간을 낭비한다는 생각이 들면 어플을 삭제했다. 그런데 지인들이 잘 살고 있는지 궁금할 때, 혹은 내가 이렇게 잘 살고 있다는 걸 알리고 싶을 때 다시 설치하곤 했다. SNS가 연결의 욕구를 충족해주는 이점이 있는 반면, SNS에 피로감을 느끼는 사람들이 늘어나면서 한때 SNS 이용률이 감소했었다. 그런데 통계조사 결과에 따르면 코로나19 이후 SNS 이용률이 다시 증가추세를 보였다.[11] 왜 우린 그토록 그 누군가가 '잘' 살고 있는지를 알고 싶고, 내가 '잘' 살고 있는지를 알리고 싶은 걸까.

혹시 이 글을 읽는 당신도 SNS 속 관심이나 타인의 찬사가 늘 있어야 괜찮다고 느끼는가? SNS를 할 때마다 감정 기복을 느낀다면 다음의 체크리스트[12]에 답해보자. 먼저 각 문항에 1~5 점수로 답을 해보면 된다.

나도 모르게 나의 자기애가 왜곡된 방식으로 형성되었을 가능성을 점검해보자. 위의 문항은 병리적 자기애의 특성을 측정하는 척도의 일부 문항을 참조하여 이 책의 내용과 의도에 맞게 각색했다. 결과값 산출을 위해 1~6번 문항에 대한 평균 점수를 내보자(1번부터 6번까지 점수를 다 더한 뒤 6으로 나눈다).

1 다른 사람들의 칭찬이나 관심을 받지 못하면 기분이 나빠진다.

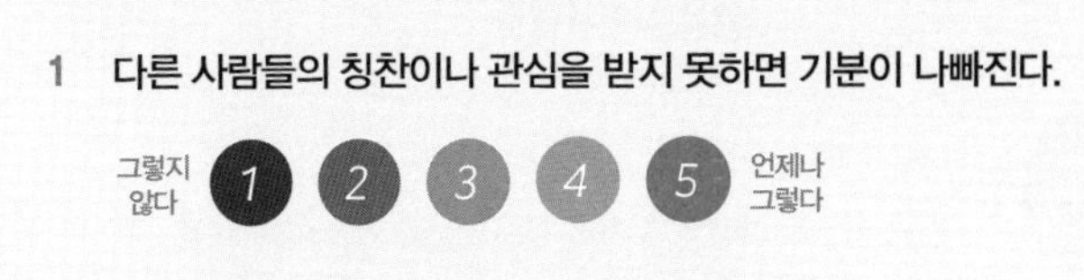

2 나는 사람들의 평가를 심각하게 받아들인다.

3 내게 부족한 것을 가지고 있는 사람을 보면 질투가 난다.

4 나는 사람들이 나의 결점을 알아차릴까 봐 두렵다.

5 나는 창피스러운 일을 당하면 두고두고 생각하며 괴로워한다.

6 항상 다른 사람들로부터 인정과 지지를 받고 싶다.

평균 점수의 설명

1~2.4점

낮은 수준

부풀려진 자기애의 문제를 갖고 있을 가능성이 낮음.

2.5~3.4점

보통 수준

부풀려진 자기애의 문제를 갖고 있을 가능성이 높지 않음.

3.5~5점

높은 수준

부풀려진 자기애의 문제를 갖고 있을 가능성이 높으므로 인정 욕구를 충족하는 방식이나 기대 수준의 점검을 추천함.

평균 점수가 높을수록 '부풀려진 자기애'의 문제를 갖고 있을 가능성이 높다. 그렇다면 부풀려진 자기애 성격과 인정 욕구가 만났을 때 어떤 일이 일어나게 될까? 부풀려진 자기애 성격을 가진 사람, 허구의 인물을 설정해 삶을 구성한 이야기를 만나보자.

늘 멋짐을 확인받아야
안도하는 사람

"혹시 나 지금 좀 없어 보이나?"

최근 A는 몰랐던 사실을 발견했다. 사람들이 A를 멋지게 본다고 느껴지는 순간의 쾌감에 집착하는 자신의 모습이었다. 너무 타인의 인정에 집착하는 게 아닌가 초조해졌다. 요즘 같이 자기가 자기를 사랑하는 게 멋져 보이는 시대에 타인의 인정에 매여 있다니. 그 자체가 찌질하게 느껴졌다. 일상에서도 멋져 보이는 사진 한 장을 건지기 위해 애쓰는 자신이 없어 보인다 느끼며 기분이 우울해졌다.

'내가 언제부터 남들에게 잘 보이기 위해 애썼지? 나 원래 이렇게 별로인 사람이었나?'

다운된 기분을 업 시키기 위해서 눈여겨보았던 특급 호텔 호캉스를 예약했다. 기분이 조금 좋아졌다. 다음 날 호텔에 체크인 후 A는 평소처럼 만족스러운 사진과 영상을 인스타그램에 업로드했다. 호텔에 도착했다는 사진을 올리자마자 예상대로 사람들의 반응이 쏟아졌다. 다들 멋지다, 부럽다, 예쁘다고 하는 반응을 보니 기분이 좋았다.

호텔 안을 찬찬히 둘러봤다. 고급스런 느낌이 기분 좋았다. 계획에 없던 지출이지만, 그만큼 돈값을 한다는 생각으로 합리화했다. 최근 열심히 일한 나에게 주는 보상이라고 여기기로 했다. 인스타그램에 게시물도 올렸으니 뭘 해야 할까? 고민하며 뒹굴거리다 저녁 먹을 시간이 되었다. 별로 배고프진 않았지만 호텔 내 유명하다는 식당에 갔다. 고급스러운 음식 사진을 올리니 호텔에 도착해서 올렸던 사진보다 반응이 더 열광적이었다. 순간 뿌듯했다. 그렇게 하룻밤의 호캉스가 끝났다. 다음 날 체크아웃 후 집에 돌아온 A는 어제 올린 사진들을 보며 흐뭇해하면서도 밤새 좋아요 숫자가 크게 늘지 않은 것에 실망감이 들었다.

'이 정도밖에 반응이 없다고? 내가 별로인 건가?'

그런 생각이 들자 급 우울감이 밀려왔다. 한편으로는 이제 어떻게 살아야 하나 불안감도 엄습했다. 자신의 특별함을 확인받기 위해 더 이상 어떻게 해야 할지 혼란에 빠진 A, 어디서부터 잘못된 걸까?

A의 인스타그램 팔로워들이 바라보는 A의 이미지는 자기애가 넘치는 사람이다. 인스타그램 속 A는 늘 신나 보이고, 언제나 열정이 넘친다. 그의 일상은 언제나 자랑할 일로 가득하다. 남들에게 보여지는 A는 또래에 비해 돈도 많고, 외모도 훌륭하며, 아는 것도 많다. 그러면서도 저게 가능한 건지 다소 비현실적이라는 인상도 받는다. 어떻게 늘 행복할 수 있는지 의심이 생긴다.

A도 자신이 자기애 과잉으로 보이고, 늘 행복해 보인다는 것을 잘 알고 있다. 그것 또한 고도로 계산하여 연출한 모습이다. 그리고 그 모습은 자신의 모습이기도 하다고 믿는다. 행복하지 않은 찌질한 모습은 자신의 본래 모습이 아니라고 생각한다. 단지 잠시 우울하거나 불안해서 일시적으로 나쁜 상태, 그 상태를 벗어나기만 하면 된다고 믿는다.

비뚤어진 자기애와 인정 욕구가 만나다

우선 A가 보이는 자기애 과잉 성격의 단서를 어린 시절에서 찾아보자. 어린 시절을 탐색해보는 작업이 필요한 이유는, 과거가 여전히 살아서 현재에 미치고 있기 때문이다. 죽은 과거는 굳이 보지 않아도 된다. A는 가족을 떠올리기 싫어하는 편이었지만 자기도 모르게 자꾸 말끝마다 '부모님이 그때 그랬는데…'라며 어릴 적의 상처로 이어졌다.

A의 아버지는 늘 일하느라 바빴다. 가끔 집에 일찍 들어오는 날엔 반가웠던 적도 기억난다. 그런데 문제는 술이었다. A의 아버지는 스트레스를 술로만 풀 수 있었던 사람이었다. 외부에서는 누구보다도 매너 있는 사람이었지만, 집에 와서 술을 잔뜩 마신 날엔 폭군처럼 변했다. 직접적인 피해자는 A의 어머니였다. A의 아버지는 결혼을 후회하며 A의 어머니에게 갖은 폭력을 행사했다. 결국 A의 부모님은 A가 20대가 되기 직전에 이혼했다. 부모님의 이혼 후 아버지와는 떨어져 살았으나 경제적 지원은 지속되었다. 주변 사람들은 A의 힘든 가정사를 알 리 없었다. A의 노력도 한몫했다. 힘들던 날도 밖에 나가서는 특유의 발랄하고 해맑은 웃음으로

자신을 포장하는 데 성공했다. A는 어머니로부터 이런 말을 자주 듣고 자랐다.

"너는 특별한 아이야."

공부를 평균 이상으로만 해도 '세상에서 제일 잘난 내 자식'이라는 소리를 들었다. 외모만큼은 늘 칭찬받고 자랐다. 특히 어머니가 기분 좋은 날엔 A를 데리고 다니면서 지인들에게 자랑했다. 특별한 사람으로 살아올 수 있었던 뿌리가 거기에 있었다. A는 지금껏 자신이 특별하지 않을 수 있다는 생각을 해본 적이 없었다. 어릴 적부터 당연히 특별했던 사람으로 살아왔고, 그것이 좌절된 경험이 없었다. 일시적인 좌절은 어머니의 찬사로 복구되었다. 그렇게 대부분의 순간을 특별한 나로 살 수 있었다.

스스로를 의심하기 시작하다

지금까지 A는 어머니가 분신처럼 특별하게 여기는 자신이 자랑스러웠다. 한치의 의심도 없이 자신이 특별한 사람이라 여겼다. 그런데 요즘 들어 이런 생각에 균열이 생기기 시작했다. '내가 특별하다던 어머니의 말이 진실일까?' 의문이 들기 시작한 것이다. 내가 봤을 때 별로인 나를 여러 번 마주하면서 의문은 커졌다. '그렇다면 나는 진짜 누구지?' 혼란스러웠다.

자신을 인정해주는 어머니는 늘 정신적으로 불안정했다. 불행한 어린 시절을 아버지 탓으로 하기엔 어머니에게도 귀책사유가 있다고 생각했다. 어머니 앞에서는 어머니 편을 들었지만, 마음속으론 아버지가 어머니를 떠날 만하다는 생각이 커졌다. 그래서 '그렇게 나약한 어머니가 인정하는 내가 진짜로 특별한 사람이 맞을까?' 의심하게 된 것이다. 이제는 그 혼란을 멈추고 싶었다. A의 몸은 성인이 되었지만 마음은 여전히 10대 때 어머니의 말을 곧이곧대로 따르던 아이 같은 자신을 발견했다. 여전히 어머니의 정신세계 속에서 살고 있다는 사실은 충격이었다. A는 태어나서 처음으로 자신이 그토록 바라던 타인의 찬사의 실체에 대해 생각해보기로 했다.

'나는 왜 수많은 인정을 받아왔는데도 여전히 공허할까?'

나를 파괴하는 과시를 멈춰야 할 때

A가 보이는 특징은 자기애를 연구한 심리학자들이 제안한 '웅대한 자기grandiosity'[13, 14]로 설명할 수 있다. 웅대한 자기를 가진 사람은 사람들로부터 찬탄을 받는 것에 대한 환상에 몰두한다. 그 환상을 유지하기 위해 기꺼이 다른 사람들을 착취할 수 있다. 사람을 도구로 생각한다. 이들에게 사람이란 자신을 칭찬해주는 기능을 가진 존재다. 혹시라도 웅대한(멋진) 자신의 모습으로 존재하지 못할 땐 사람들을 피하며 속으로 이런 생각을 한다.

'이렇게 초라한 내 모습을 절대로 들킬 수 없어! 빨리 다시 멋진 나로 복구해야만 해. 그때까진 아무도 만나지 않겠어.'

타인의 찬사가 없는 상황에서 A는 늘 이렇게 반응했다. 대체로 타인의 찬탄이 확보되는 삶을 살아온 A에게도 종종 감정적으로 무너지는 상황이 찾아왔던 것이다. 그런 상황을 A만 안다. 그리고 그런 상황이 A에게는 매우 불쾌하고 수치스럽다. 이는 자기애 연구에서 말하는 '취약성vulnerability'으로 설명할 수 있다. A는 외부로부터 찬탄과 인정이 주어지지 않을 때 자존감 조절이 어려워진다. 자기애가 충만한 이미지인 A지만, 그 순간만큼은 자존감이 바닥을 친다. 그리고는 자신이 요구하는 만큼 자신을 찬탄해주지 않는 사람들을 무관심이나 평가절하로 대응한다.

'됐어. 그들이 이상해서 그래. 보는 눈이 없는 거야. 나 같은 사람을 몰라보다니. 나를 제대로 봐줄 사람을 찾으면 돼.'

한편으로는 그런 사람들에게조차 인정을 요구했던 자신에게 수치심을 느낀다. 정리하자면, A에게는 웅대성과 취약성이 공존하는 병리적 자기애의 성격 특징이 나타난다. 문제는 이렇게 웅대했다, 취약했다 반복하는 자신이 너무나도 고통스럽다는 사실이다. 갈수록 스스로가 보는 모습보다 더 과장된 이미지를 만들어내기 위해 애쓰는 자신에게 지쳐갔다. 칭찬을 받아도 인정에 목말라하는 나를 보며 자괴감이 쌓여갔다. 자신보다 더 주목받는 사람을 보기라도 한 날엔 질투가 하늘을 찔렀다. 하루 종일 아무것도 할 수 없을 정도로 기분이 우울해졌다. 그리고는 다시금 자신의 멋진 모습을 연출하기 위해 애쓰게 된다. 그렇게 하루하루를 인정에 허덕이며 살던 A는 진지하게 고민한다.

'이런 내가 이상한 건가? 인정을 받아도 채워지지 않으니 내가 나를 사랑해야겠어. 근데 그거, 어떻게 하는 거지?'

문제는 인정 욕구가 있어서가 아니다. 인정 욕구가 비뚤어진 자기애적 성격과 만났을 때 문제가 발생하는 것임을 분명히 봐야 한다. 인정 욕구를 부정하고, 내가 나를 인정하자는 식으로 접근한다면 문제의 원인을 착각하고 결국 문제 해결을 하지 못하기에 진짜 문제를 봐야 한다. 자기애적 성격 속에 어떠한 신념들이 나의 인정 욕구를 해치고 있는지 세밀하게 살펴볼 일이다. 비뚤어진 자기애를 바로잡을 때 비로소 나의 인정 욕구를 건강하게 활용하며, 인정받는 나로 살아갈 수 있게 된다.

자기애 과잉형 성격과
인정 욕구가 나를 파괴하는 과정

누구나 타인의 찬사로부터 자유롭기 어렵다. 칭찬하거나 찬양하는 표현은 곧 나의 '존재'에 대한 인정으로 느껴지기 때문이다. '추앙'이란 단어는 어떤가? 최근 사회를 떠들썩하게 했던 이 단어의 의미는 '높이 받들어 우러러봄'이다. 2022년 4월에 방영된 드라마, 〈나의 해방일지〉는 누군지 모르는 인간이어도 좋으니 단 한 사람의 추앙으로부터 해방감까지 이어진다는 것을 보여준다. 드라마를 본 많은 사람이 처음에는 추앙이란 단어에 거부감을 표시했지만 드라마가 끝날 때쯤 추앙이란 단어에 공감하는 목소리가 많았다.

그만큼 우리가 존재로서 타인에게 귀한 존재로 여겨지고

싶은 마음은 보편적인 인간의 본성이다. 그런데 인정받음으로 그치지 않고, 타인의 찬사를 갈구할 때 우리의 성격은 비뚤어진다. 자기를 부풀리는 용도로 인정 욕구라는 연료를 이용하기 때문이다. 남에게 부정적으로 보일 만한 내 모습을 억압하고 없애기 위해 애쓴다. 내가 나를 파괴하며 아무도 공감해주지 않는 외로운 길을 자발적으로 걸어 들어가고 있는 것과 같다. A의 일상을 구체적으로, 세 가지의 심리 특징으로 살펴보자. 첫째, A는 특별하지 않은 나는 절대로 존재할 수 없다는 신념을 갖고 있다. 즉, A가 갖고 있는 절대명제는 "나는 특별해야만 해!"이다.

특별하지 않음을 인정 못함

A는 부풀려진 자기애를 유지하기 위해 이런 마음을 갖고 산다.

'나는 특별해.'

'사람들은 날 특별하게 생각할 거야.'

'특별하지 않은 나는 절대 있을 수 없어!'

이런 A의 특성은 SNS 속 자신을 드러내는 모습을 살펴보면 잘 나타난다. 한마디로 SNS 중독인 A는 사람들이 '우와' 할 만한 장면을 사진에 담느라 정신이 없을 정도로 쉴 새 없이 사진을 찍고, 특별히 멋진 사진들만 엄선해서 SNS에 업로드한다. SNS에 업로드하자마자 달리는 댓글과 공감의 개수를 확인하며 자신의 특별함을 증명하기 위한 다음 사진을 물색하는 데 시간을 쓴다.

SNS 중독과 인정 욕구는 서로 연관성이 깊다는 연구가 2000년대 이후 많이 진행되고 있다. 특히 '나는 특별해야 한다'는 자기애적 성격은 인정 욕구와 결합하여 SNS 중독에 이르게 된다는 검증이 이루어지고 있다. 중독은 물질 중독과 행동 중독으로 분류되는데, SNS 중독은 행동 중독에 해당한다.[15] SNS가 생활에서 매우 중요해짐에 따라 개인의 사고와 감정, 행동이 해당 행동에 몰두하여, 그 행동을 하지 못할 경우, 각종 금단 현상을 경험하게 되기에 주의가 필요하다.

자신이 가진 특별함을 SNS에 올려 인정받는다면, 계속해서 많은 사람에게 인정받기 위해 더욱더 돋보이고 싶은 마음이 강해진다. 이럴 때 자신이 SNS와 특별한 모습에 집착하는 사람이 되어가고 있음을 인지해야 한다. 결론적으로 나의 인정 욕구는 자기애적 성격과 결합하여 나를 해치고 있다고 지금 스스로에게 말해주자.

수치스러운 감정에 휩싸인다

A의 두 번째 심리 특징으로는 A가 종종 수치심을 느낀다는 것이다. 외로움도 늘 함께한다. 그러나 이런 A의 모습을 아무도 모른다. 부정 정서에 휩싸인 자신은 멋지지 않으므로 이 세상 누구에게도 그 모습을 보일 수 없다. A가 이토록 남몰래 수치스러워하는 이면에는 이런 마음이 있다.

'나는 위대해야 해. 그런데 지금 난 초라해. 초라하고 볼품없는 나는 있을 수 없어.'

비현실적인 수준의 '이상적 자기ideal self'를 갖고 살아간다. 이상적으로 포장하지 않은 현실의 자기는 용납할 수 없다. 그리고 이렇게 자신을 수치스러워하는 특징은 자연스럽게 우울, 불안과 같은 부정 정서로 이어진다. 자신이 속한 곳에서 '나는 제일 잘난 사람이야!'라는 이상적 자기에 균열이

나기라도 하면 한없이 우울감에 빠진다. 주로 질투하는 대상으로부터 '졌다'고 느낄 때 이상적 자기의 거품이 순식간에 사라져버린다. 그리고는 현실의 초라한 자기의 모습을 보기 싫어 화를 내거나 잠으로 도피한다. 자고 일어나면 다시금 괜찮은 내가 힘이 생긴 것 같은 느낌을 받는다. 전날 느꼈던 열등감은 사라진 것만 같다. 또 다시 멋진 나를 세상에 보일 생각만 가득하다. 악순환의 반복이다.

이럴 땐, 현실의 자기를 하대하는 시선부터 거두어야 한다. 남들이 '우와' 하는 모습만이 가치 있다는 오해로부터 자신을 구해야 한다. 나는 왜 그토록 멋진 모습만을 용납하게 되었는지, 그 출발점으로 돌아가자. 최초엔 나의 특별한 순간에 받는 사람들의 인정이 좋았을 수 있다. 누구나 그렇다. 그런데 특별하지 않은 순간들도 존재했을 것이다. 늘 특별한 인간은 어디에도 없다. 그런데 왜 지금의 난 특별함만 인정하는 사람이 되었을까? 나에게 물어보자. 뭔가 잘못된 걸 인지한 나를 만났다면 변화하기에 충분한 마음의 준비가 된 것이다. 특별함과 특별하지 않음, 이분법적으로 바라보며 특별하지 않은 나를 적극적으로 수치스러워하던 나에게 그럴 필요가 없다고 지금 당장 말해주자.

강박적으로 멋진 나를 전시한다

A의 세 번째 심리 특징으로는 자신의 인정 욕구를 '나는 특별한 사람'이라는 증명을 위한 강박행동으로 해소했다는 것이다. 어딜 가든 특별한 사람으로 인정받기 위해 자신을 연출하고 포장하는 데 에너지를 많이 썼다. 이러한 강박행동은 타인의 인정을 추구하기 위해서 나타난다. 인정을 추구하는 것을 넘어서서, 타인에게 비난당하는 것을 피하고자 하는 욕구까지 포함될 수 있다. 비난을 피하려면 강박적으로 자신을 포장하는 행동이 수반되기 때문이다. 그래서 A는 SNS를 하지 못하면 안절부절 못하고 초조해진다. 항상 SNS에 대해 생각하고, 어떤 사진과 글을 올리면 반응이 좋을까? 생각한다. 하지만 '좋아요'의 효과는 반나절을 넘기지 못한다. 또 다른, 더 멋진 게시물을 올려 멋지단 소리를 들어야 안심이 된다.

이토록 강박적인 행동을 심리학에서는 '완벽주의적 자기제시perfectionistic self-presentation'[16]라고 부른다. 타인의 인정을 위해 완벽한 모습을 보이는 데 몰두한다. 불완전한 모습은 은폐한다. 결함 없는 이미지 형성을 위해 노력하는 행동은 또 다른 불안을 낳기에 갈수록 불안정해진다. 불안이 해소되는 건 찰나라서, 또 다른 불안이 이어지고, 결국 그렇게 불안해하는 나를 보며 내가 나를 싫어하는 결과로 이어진다. 자기애가 충만해 보이는 사람이 자기를 혐오하는 것처럼 극단적인 흑과 백이 또 어디 있을까. 늘 우울한 기분만큼이나 괴로운 건, 하늘에 닿을 만큼 기분이 상승했다 지하로 떨어지는 기분이다. 이 모든 악순환을 끊기 위해 A는 지금 당장 자신을 전시하는 행동부터 멈추어야 한다. 다른 행동은 다른 결과를 낳는다.

인정 중독에서 벗어나기

현재 A에게 가장 고통스러운 것은 무엇일까? SNS 속 반응에 신경 쓰는 건 하루 이틀이 아니다. 어떻게 포스팅해야 사람들의 좋아요를 이끌어낼 수 있을지 이제는 웬만큼 파악하고 있기에 큰 고통은 아니다. 게다가 SNS 속 사람들은 피부로 느껴지는 현실감이 떨어진다. 오히려 A가 고통을 느끼는 지점은 '현실' 세상에서 자기가 초라해 보이기 시작했다는 점이다. 자기가 사실은 특별하지 않을 수 있다는 의심이 시작된 것이 고통이다. A는 어떻게 하면 혼돈의 파도를 지혜롭게 마주할 수 있을까?

첫 번째 단계,
절대명제를 수정한다

A가 가지고 있던 절대명제인 "특별하지 않은 나는 절대 있을 수 없어!"라는 말이 과연 합리적인지 묻는 것으로 시작해보자. 그리고 이런 생각은 언제부터 생겼는지 스스로에게 질문해보았다. A는 늘 특별하다 말해주는 엄마의 말을 믿지 못하는 자신을 발견했다. 사실 A는 엄마의 말을 의심했다.

자신의 특별함을 입증하기 위해 부단히 애를 썼다는 건, 그 자체로 내가 특별하지 않다는 걸 알고 있다는 사실을 반증했다. '매순간 특별하고 싶다는 건 세상에 없는 완벽을 만들어내려는 무의미한 일일지도 몰라' 그렇다면 특별하지 않은 나로 살아가도 되는 건지? 그렇게 사는 삶은 어떤 삶일지? 그토록 애써왔던 걸 조금 덜 해도 되는 삶이라면, 더 편안해질 수 있는 게 아닐까.

'특별하지 않는 순간에도 나는 변하지 않아. 그저 나라는 걸 부정할 순 없어.' A는 인정받는 순간이 소중했지만, 그 외의 순간들도 자신이라는 사실을 짚을 수 있었다.

두 번째 단계,
순위를 확인한다

A는 지금까지 자신의 가치를 입증했던 영역을 아래의 체크리스트를 통해 점검해보았다.[17] 주로 어떨 때 자신이 특별하다고 느꼈는지, 주로 어떤 영역에서 인정받으며 살아왔는지 말이다.

내용	순위
• 나의 자존감은 내 외모가 얼마나 매력적인지에 따라 영향을 받는다.	1
• 다른 사람보다 잘하는 것은 나의 자존감을 높여준다.	2(공동)
• 학교에서 공부를(직장에서 일을) 잘하는 것은 나의 자존감을 높여준다.	2(공동)
• 나의 자존감은 신이 나를 사랑한다고 느낄 때 높아진다.	4
• 나의 자존감은 다른 사람이 나에 대해 갖고 있는 의견에 달려있다.	2(공동)
• 도덕적 규범에 따라 살지 않는다면 나는 스스로를 존중할 수 없다.	5
• 나를 돌봐주는 가족이 있다는 것은 나에게 중요하다.	3

표에서 확인해볼 수 있듯이, A에게 자신의 가치를 입증하는 가장 큰 1순위는 외모다. 그 다음으로는 경쟁, 일적 자신감을 포함해서 '우월성' 영역, 즉 남들보다 우월한 자신에게 전반적으로 높은 가치를 부여했다. 타인의 승인 또한 자신의 가치감을 결정짓는 데 큰 부분이었다.

A는 겉으로 보여지는 모습으로 우월한 자신만이 중요했다. 특히 타인이 그렇다고 여길 때 자신을 특별한 사람, 즉 인정받는 사람으로 여길 수 있었다. 특별함을 인정받지 못하는 순간 불행할 수밖에 없었을 것이다.

이러한 삶을 살아오는 데 익숙해진 A는 우월하지 않으면(열등하면) 가치가 없다고 느끼며, 자존감이 불안정해졌을 수밖에 없다. 언제 어디서나 우월한 사람은 어디에도 없기 때문이다. 아무리 탁월한 외모로 인정받는 사람도 모든 순간 우월하다는 건 불가능하다. 그렇기 때문에 애초에 달성하지 못할 목표를 달성하려고 노력했던 A가 심리적으로 허기를 느끼는 건 지극히 자연스러운 결과다.

자기 가치감 수반성[18]은 특정 영역에 대한 구체적인 자기 평가의 결과다. 자신이 추구하는 영역의 자기 가치감이 높으면 해당 영역의 성공과 실패에 민감하고, 그 결과에 따라

<table>
<tr><th>내용</th><th colspan="2">요인</th></tr>
<tr><td>• 나의 자존감은 내 외모가 얼마나 매력적인지에 따라 영향을 받는다.</td><td>외모</td><td rowspan="3">우월성</td></tr>
<tr><td>• 다른 사람보다 잘하는 것은 나의 자존감을 높여준다.</td><td>경쟁</td></tr>
<tr><td>• 학교에서 공부를(직장에서 일을) 잘하는 것은 나의 자존감을 높여준다.</td><td>학업적/
일적 자신감</td></tr>
<tr><td>• 나의 자존감은 신이 나를 사랑한다고 느낄 때 높아진다.</td><td colspan="2">신의 사랑</td></tr>
<tr><td>• 나의 자존감은 다른 사람이 나에 대해 갖고 있는 의견에 달려있다.</td><td colspan="2">타인의 승인</td></tr>
<tr><td>• 도덕적 규범에 따라 살지 않는다면 나는 스스로를 존중할 수 없다.</td><td colspan="2">도덕성</td></tr>
<tr><td>• 나를 돌봐주는 가족이 있다는 것은 나에게 중요하다.</td><td colspan="2">가족의 지지</td></tr>
</table>

자기 가치감이 달라질 수 있다. 많은 심리학자가 연구한 결과, 우월성과 타인의 승인에 자신의 가치감을 수반할수록 우울과 같은 전반적인 심리적 부적응으로 이어지기 쉽다.

A의 경우에도 그랬다. 타인보다 우월할수록, 특히 외모에 대한 우월감이 자신에 대한 가치감을 크게 좌우하고 있었으며, 타인의 승인 또한 큰 부분을 차지하고 있었다.

자기 가치감, 다시 말해 자존감은 생각처럼 간단하게 구성되어 있지도 않고, 선천적으로 타고나 바뀌지 않는 것도 아니다. 후천적으로 충분히 바꿀 수 있는 영역이라는 말이다. 우리는 언제든 자존감이 어떻게 구성되어 있는가를 면밀하게 살펴보면서 왜곡된 부분은 바로잡을 수 있다. 중요한 것은 자존감의 높이가 아니라 자기 가치감을 두는 '영역'이 개인마다 다르다는 것이다. 자존감이란 단어로 뭉뚱그려서는 개입 전략을 찾기가 어렵기에, 개인마다 갖고 있는 자존감의 모양을 확인해보는 것이 필요하다. A의 경우에는 타인보다 우월함이, 타인에게서 받는 승인이 자신의 가치를 결정짓는 데 큰 역할을 하고 있었다.

세 번째 단계,
자기 가치감의 소외된 부분을 확인한다

소외된 부분이라는 것은 특별하지 않은 부분이라는 의미로도 해석할 수 있다. 즉, 우월성을 확인할 수 있는 외모, 학업/일적 자신감과 경쟁의 결과나 타인의 승인 이외의 부분은 A의 특별함을 증명해주지 못해왔을 가능성이 크다. 실제로 A의 이야기를 들어보면, 종교가 없는 A에게는 신의 사랑이나 도덕성이 큰 무기가 되어주지 못했으며, 가족의 지지 또한 A의 특별함이 되어주기는커녕, 불행감과 콤플렉스의 원천으로 자리 잡고 있었다.

소외된 부분을 모두 특별하게 여기는 것은 해결책이 아니다. 특별히 아꼈던 부분과 소외된 부분을 포함하여 나의 것을 그대로 살펴보는 작업이 우선적으로 필요하다는 의미다.

나의 경우, 꽤 오랜 기간 가족의 지지가 나의 자기 가치감을 이루어왔다. 가족이 지지해줄 때와 그렇지 않을 때의 내 가치감은 하늘과 바닥을 오르락내리락거렸다. 그런데 나의 다양한 면에 주의를 기울이는 작업을 꾸준히 하면서 가족으로부터 조금씩 독립적인 내가 만들어졌다. 하루아침에 되는 일은 아니지만, 가능한 일이다. 심리학에서 말하는 분리, 다시 말해 가족이 나의 전부가 되지 않을 수 있게 탈융합되어 가고 있는 것이다. 생각보다 나는 다양한 조각들의 모음이다. 나의 모든 것들이 다 나였다는 걸 알아가는 과정을 밟아 나갈 때 충분히 가능한 일이다.

A의 경우, 일생 동안 외모가 자기 가치감에 큰 부분을 차지했고, 외모나 성취가 자신의 전부라고 믿게 되었다. 그런데 그 외모나 성취에 대한 타인의 찬사가 없을 땐? 그럴 때

쭈그러드는 자신의 가치에 의문을 품기 시작했다. 사실 A를 포함해서 우리는 눈에 보이는 것 말고도 많은 것을 가진 존재다. 그것이 특별하든 특별하지 않든 간에 지니고 있다는 것 자체는 변치 않는 사실이다. A는 조금씩 자기 자신에 대한 생각을 이어나갔다. 좋은 것, 예쁜 것, 바람직한 것, 칭찬받고 인정받을만한 것 말고도 자기 안의 수많은 것들이 다 나라는 사실을 조금씩 받아들이기로 하면서.

네 번째 단계,
내가 느끼는 감정을 마주한다

자신에 대해 생각하는 과정에서 감정은 피할 수 없이 따라온다. 가장 쉽게는 '괜찮지 않은 감정'을 살펴볼 수 있다. 흔히 마음이 '불편하다'라고도 표현하는 이것은 과연 무엇인지, 이 감정이 나에게 주는 신호를 읽어볼 차례다. 감정은 죄가 없다. 그저 이유가 있기에 그런 감정이 생겼을 뿐이다. 그것을 알아줄 수 있는 건 나 자신만이 할 수 있는 일이다.

A는 '내가 제일 잘났다. 나는 특별하기 때문이다'라는 절대명제가 깨지는 순간마다 감정적으로 흔들렸다. 우선, 자신의 특별함을 앗아간 것 같은 사람을 보며 질투하기 시작

했다. 정작 A는 자신이 질투를 하고 있다고 생각하진 못했다. 다만, 그 사람이 신경쓰였다. '저 사람은 왜 저렇게 인정받고 주목받지?', '대체 뭐가 잘났길래?', '뭐…. 잘난 것도 있긴 하겠지만 전체적으로 봤을 땐 내가 더 나은 것 같은데?' 라고 생각하며 끊임없이 그 사람과 자신을 비교하다 기분이 나빠졌다. 그리고는 자신보다 빛나는 그 사람과 한없이 초라해진 자신만 이 세상에 남은 듯 패배감에 좌절했다. 이는 곧 나는 할 수 있는 게 아무것도 없다는 무력감과 우울감으로 흘러갔고, 그럴 때마다 A는 더 생각하기 싫어 잠을 자버렸다.

도망쳐서 감정이 사라졌다면 계속 도망치는 방법을 택할 수도 있었겠지만, 감정은 사라지기는커녕 계속해서 자신을 괴롭혔다. 힘든 감정이 찾아올 때마다 잠으로 도망쳤던 A는 '도망치지 않는다면 할 수 있는 게 무엇인가?' 생각해보기 시작했다. 매번 같은 사람에게 질투하고, 기분 나빠지고, 자존감이 바닥이 되는 우울의 사이클이 수없이 반복되는 삶을 살기 싫다는 마음이 더 커졌다. 이젠 그 감정을 읽어야 할 때다.

감정은 A에게 이렇게 말하고 있었다. '나 지금 우울해. 다른 누구도 아닌 나 자신이 다른 사람과 비교를 하면서 나를 계속 갉아먹어야겠니?' A도 머리로는 비교가 나쁜 걸 알고 있었다. 그런데 머리로 아는 것과 삶에는 불일치가 컸다. 이 불일치를 해결하지 않는다면 A는 계속해서 우울한 감정을 재생산하며, 자기를 괴롭히는 비교를 하며 살아가야 했다. 그럴 때마다 A는 두통이 끊이지 않았다. 늘 머리가 무거웠고, 자고 일어나도 개운치 않았다. 감정과 몸은 그렇게 끊임없이 신호를 보내고 있었다. 변해달라고. 지금 방식으로는 살아가기 버겁다고.

다섯 번째 단계,
편안하게 인정받으며 살아간다

A의 감정은 조금 더 편안하게 살고 싶다고 말하고 있었다. 좀 쉬고 싶다고, 끊임없이 나의 특별함을 증명하기 위해 달리느라 지쳤다. 인정을 받고 싶지 않은 것이 아니라, 단지 지금까지의 방법은 아닌 것 같다는 의미였다. 그렇다면 자신을 해치지 않으면서도 인정받으며 살아가는 모습은 어떤 것일까? 구체적으로 그려보자.

A는 특별한 사람의 정의를 다음과 같이 이분법적으로 나누며 살아왔다.

A의 마음	
특별한 사람	특별하지 않은 사람
어딜 가나 주목받는다.	존재감이 없다.
사람들이 찾아온다.	사람들이 먼저 다가오지 않는다.

특별함이 좋았던 이유는 사람들이 주는 관심, 그로 인해 느껴지는 자신의 존재감이었다. 그렇다면 꼭 특별해야만 사람들이 찾아오는 것일까? 생각해보면 A는 누군가에게 다가갈 때 그 사람이 특별해서가 아니라, 그저 조금 더 알고 싶은 마음이었을 때도 많았다. A는 왜 특별하지 않으면 아무도 자신을 찾지 않을 거라 생각했던 걸까?

어릴 적엔 튀는 사람들이 주목받았다. 그런데 지금은 어떤가? 튄다는 것이 꼭 바람직하진 않을 수 있다. 튀어서 존재감이 있는 것보다는, 그 사람의 매력 자체로 존재감이 느껴지는 경우를 봤다. A도 그런 사람이 되고 싶었다. 자기만의 매력을 찾고 싶었다. 순간적으로 있어 보여서 인정받는 것이 궁극적인 바람이 아니었던 것이다.

변화는 시작되었다

A는 자신이 그토록 바랐던 삶의 실체에 한걸음 다가섰다. 매력적인 사람이 되고 싶었던 마음을 만난 것이다. 그리고 매력은 이미 내 안에 존재했다. 더 이상 특별한 사람이 되려고 애쓰기보다는 '나만이 가지고 있는 독특성이 빛을 낼 수 있지 않을까?' 생각할 수 있게 되었다. 지금껏 특별하지 않은 나를 배제했던 자신에게 미안해졌다. 그리고 조금 더 안정적인 관계에서 인정받는 나로 살고 싶다는 마음이 생겼다. 더 이상 인정 중독에 허덕이지 않고, 스스로에게 특별하라고 주문하지 않는 삶, 그런 삶이라면 조금 더 편안하게 살 수 있을 거라는 기대가 생겼다. 그러다 보니 스스로를 갉아먹었던 인정 중독의 삶에서 서서히 벗어났다. 현재 자신의 마음을 들여다보기 시작했기에 점점 더 삶이 편안해졌다. SNS도 더 이상 전시장이 아닌, 자신을 기록하고 타인과 연결하는 공간으로 사용하기 시작했다.

4장

의존형
×
인정 욕구

: 사람들한테 잘 보여야 해

의존형 성격

체크리스트

요즘에는 많은 이가 착한 사람을 보고 매력이 없다고 한다. 마냥 좋은 사람을 만만한 사람(일명 만만이), 호구라고 부른다. 우리나라에서는 이러한 현상에 '착한사람 증후군' 혹은 '착한아이 콤플렉스' 같이 질병처럼 이름을 붙였다. 실제로 이런 성격으로 살아가는 사람들은 마음을 많이 다친다. 타인에게 순응하며 손해 보기 때문이다. 겉으론 웃고 속으론 운다. 혹시 이 글을 읽는 당신도 만만이, 호구, 착한사람 증후군인가? 의심되거나 주변인으로부터 한 번쯤 비슷한 말을 들어보았다면 체크리스트[19]에 답해보자. 각 문항에 1~5 점수로 답을 해보면 된다.

1 중요한 타인에게 빠르고 강렬하게 밀착한다.

그렇지 않다 1 2 3 4 5 언제나 그렇다

2 친밀한 타인에게 감정적으로 영향을 많이 받는다.

그렇지 않다 1 2 3 4 5 언제나 그렇다

3 중요한 타인의 반응에 따라 부정 정서(수치심, 부적절감, 우울감 등)를 느낀다.

그렇지 않다 1 2 3 4 5 언제나 그렇다

4 자주 불안감을 느낀다.

그렇지 않다 1 2 3 4 5 언제나 그렇다

5 때때로 분노를 참을 수 없어 폭발한다.

그렇지 않다 1 2 3 4 5 언제나 그렇다

6 자주 짜증이 나고 우울하지만 스스로를 안정시키는 데 어려움을 겪어 중요한 타인에게 기대면서 감정을 조절한다.

그렇지 않다 1 2 3 4 5 언제나 그렇다

사람 때문에 힘들었다면 인정 욕구가 의존형 성격과 결합되었을 가능성을 점검해보자. 왼쪽의 문항은 병리적 의존형 성격 특성을 측정하는 척도의 일부 문항을 참조하여 이 책의 내용과 의도에 맞게 각색하였다. 1~6번 문항에 대한 평균 점수를 낸다(1번부터 6번까지의 점수를 더한 뒤 6으로 나눈다).

평균 점수의 설명

낮은 수준
의존형 성격의 문제를 갖고 있을 가능성이 낮음.

보통 수준
의존형 성격의 문제를 갖고 있을 가능성이 높지 않음.

높은 수준
의존형 성격의 문제를 갖고 있을 가능성이 높으므로 인정 욕구를 충족하는 방식이나 기대 수준의 점검을 추천함.

평균 점수가 높을수록 '의존형 성격'의 문제를 갖고 있을 가능성이 높다. 그렇다면 의존형 성격과 인정 욕구가 만났을 때 어떤 일이 일어나게 될까? 뒷장에 의존형 성격을 가진 사람, 허구의 인물을 설정해 삶을 구성해보았다.

혼자서는
존재할 수 없는 사람

"좋은 사람 되기는 이제 그만하자"

B는 다짐했다. 인정받고 싶은 사람에게 좋은 사람이 되려고 애썼던 수많은 시간이 어느새 자신의 마음뿐만 아니라 건강까지 갉아먹고 있었다는 사실을 받아들일 수밖에 없었다. '피곤해'를 입에 달고 살 정도로 이젠 너무 지쳤다고 느꼈기 때문이다.

B가 주로 인정받고 싶었던 사람들은 가까이에 있었다. 가장 자주 부딪히면서도 인정받고 싶었던 엄마, 회사의 윗분들. 그들에게 '잘 보이고' 싶었다. 원래의 내 모습을 보여주는 것이 아니라 그들이 원하는 모습을 파악해 원하는대로

맞춰 연기하는 데 익숙했다. 그리고 그들은 B의 연기에 감쪽같이 속는 듯했다.

'나를 정말 좋게 보는 것 같아!'

기쁘면서도 '언제까지 이렇게 연기해야 하나, 언제까지 이렇게 맞춰야 하나?' 갈등했다. 그들에게 인정받기 위해서는 24시간 내내 그들의 사람이 되어야 했다. 언제든 부르면 당장 응답할 수 있도록 자면서도 긴장의 끈을 놓을 수 없었다. 실제로도 밤 12시 넘어서도 업무 연락이 왔고 B는 즉각 대답했다.

그렇게 일하다 보니 B는 언젠가부터 타인의 요구에 헌신하느라 자신의 스케줄이 없어지는 상태가 되었다. 회사와의 근로계약은 의미가 없었다. 9 to 6(나인투식스)가 뭐람? 24시간 활용 가능 모드available mode를 켜놓고 살았다.

생각해보면 B가 타인에게 맞추는 행동은 대학교 때도 마찬가지였다. 낯선 대학생활에서 살아남기 위해서 선택한 방법이 바로 '착한 사람으로 쓸모 있는 역할을 해내는 것'이었다. 그 누구에게도 욕먹지 않도록 쓸모 있는 착한 사람 역할을 소화해내기 위해 애썼다. 누구도 하기 싫어하는 일은 도맡아 했다. 사람들이 자신을 좋다고 할 때마다, 혹은 자신을 찾을 때마다 안도감과 기쁨을 동시에 느꼈다. 자신이 세상에 쓸모 있는 사람이라는 걸 인정받는 느낌이 참 좋았다.

무엇이 의존형 성격을 만드는 걸까?

B가 지닌 타인 의존적 성격 형성 과정의 단서는 어린 시절에서 찾아볼 수 있다. B가 태어난 당시 B의 부모님은 결혼을 후회하고 있었다. B를 낳았기에 헤어질 수 없었던 날들이 이어졌다. B의 입장에서는 내가 태어나지 않았다면 엄마 아빠는 헤어졌을 인연이라고 생각했다. 한창 성격이 만들어질 시기엔 부모님이 이혼할까 봐 두려운 마음이 커졌다. 부모님은 행복하지 않은 결혼 생활을 '나' 때문에 억지로 이어가고 있었기 때문이다. 엄마는 B에게 이렇게 말했다.

"내가 너를 생각해서 이혼 안 하는 거야. 너 때문에 참는 거야."

B는 더더욱 자신이 무언가 해야겠다는 생각에 부모님이 싸울 때마다 적극적인 중재자 역할을 자처했다. B는 부모님에게 반드시 착한 자식이어야만 했다. 그래서 부모님이 원

하는 걸 귀신같이 포착해서 맞췄다. 그렇게 타인에게 맞추는 능력은 날이 갈수록 늘었다. 부모님 사이에서 평생토록 개발한 눈치라는 능력이 사회에 나온 B가 바로 써먹을 수 있는 거의 유일한 무기였다. 사람들은 눈치에 반응했고, B는 자발적으로 타인에게 맞추는 사람이 되었다.

의존형 사람이 관계를 맺고 종결하기까지

B처럼 타인에게 맞추느라 자신을 소진하는 성격의 가장 큰 문제는, 혼자서 존재할 수 없는 여린 자율성이다. 타인에게 맞추는 것에 온 에너지를 쓰고 있는 사람은 자신에게 쓸 에너지가 바닥나 있기에 손상된 자율성으로 살게 되고, 늘 누군가에게 의존해야만 한다. 혼자서는 부서질 것 같으니 자신을 붙잡아줄 누군가가 늘 필요한 것이다.

인간에게는 믿을 만한 사람이 한 명쯤은 필요하고, 어느 정도 의존할 줄 아는 것도 능력이다. 단, 의존의 정도가 얼마나 심한지에 대해서는 점검이 필요하다. 의존형 성격의 경우 자신이 의존하고 싶은 사람과 완전히 '하나'가 되려 한다. 그와 하나가 되지 않는다면 세상이 무너질 것이라고 굳게 믿는다. 그래서 둘 사이에 조금이라도 '틈'이 벌어지면 두려움에 떤다. 연락이 안 되거나, 연락이 뜸하거나, 자신을 대하는 눈빛이나 말투의 친밀감이 떨어지는 모든 것이 틈의 증거다. 이러한 모습은 연인과의 관계에서만 적용되는 건 아니다. 친구나 동료 등 의존하고 싶은 사람에게도 같은 태도를 보인다.

의존형 성격은 틈을 느끼기 싫어하기 때문에 관계의 시작과 종결까지 다음의 패턴을 보인다. 첫째, 만남의 시작은 '급' 가까워짐이다. 이 사람이 너무 좋아서 빨리 더 많이 친해지고 싶은 마음을 참을 수 없다. 할 수 있는 한 최선을 다해 그 사람에게 잘해준다. 둘째, 그 사람의 눈치를 보기 시작한다. 조금이라도 불편한 상황이 생기면 "내가 미안해", "죄송합니다"라고 말하며 자신을 낮추고 들어간다. 그 사람이 혹여 자신을 싫어할까 봐, 덜 친해지려 할까 봐 지레 질겁하여 그 사람에게 맞추면서 자신을 지워간다. 셋째, 언제나 그 사람을 챙긴다. 그가 놓치거나 어려워하는 부분을 수습하느라 시간을 쓴다. 혹시라도 그가 먼저 어떤 도움을 요청하면 거절하지 못하고 기꺼이 그 요청에 따른다.

그러다 넷째, 갈등이 생긴다. 가까워질수록 서로 맞지 않는 부분들이 발견되는데 그럴 때마다 의존형의 사람은 싫은 걸 말하지 못한다. 그저 참는다. 돌아서서 욱하며 우울해지고 상처받기도 하며, 그런 자신을 비난한다. 그를 탓하면 (세상이 무너지므로) 안 되니까 자신을 탓한다. 마지막으로, 갈등을 해결하지 못한 채 관계는 종결된다. 그토록 원했던 깊은 관계는 이루어지지 않는다. 그리고 머지않아 또 다른 중요한 타인을 찾는다.

타인에게 의존하는 나를 멈춰야 할 때

타인과 '하나'가 되어야 한다는 생각을 설명하는 심리 특성을 게슈탈트 이론에서는 '융합confluence'이라고 부른다. 게슈탈트 이론은 독일의 심리 치료사인 프리츠 펄스Fritz Perls가 고안한 이론이다.

그중에 융합[20]이란 밀접한 관계에 있는 두 사람이 서로 간에 차이점이 없다고 느끼도록 암묵적으로 합의함으로써 생겨나는 접촉경계혼란이다. B의 대학 시절, 융합된 친구 K와는 이런 일이 있었다.

K　B…. 나 J 교수님이 중간고사 성적을 이상하게 계산한 것 같아. 이건 말해야 할 것 같은데 말할 자신이 없어. 속상해….

B　(한숨 쉬는 K를 보며 반사적으로) 정말? 그럼 내가 지금 당장 J 교수님한테 건의해 볼게!

B는 J 교수에게 메일을 보냈고, J 교수는 당사자도 아닌 B가 K의 성적에 대해 항의하는 것은 상식 밖이며 무례한 일이라고 일갈했다. B가 나서서 독박을 쓰는 일이 반복되자 B는 속으로 생각했다. '내가 왜 그렇게 K를 위해 애쓰지? 그렇게까지 나설 필요가 있었을까?' 주변 동기들도 B에게 이런 말을 하기 시작했다. "B, 왜 K한테 이용당하고 있어? 네가 K 대신에 너무 많은 걸 하는 거 아냐? K는 자기 거 다 챙기던데…. 넌 많이 힘들어 보여." 그제야 B는 깨달았다. K와 잘 지내고 싶어서 자신을 지운 대가로 너무 많은 걸 포기했던 것이다. 결국 B의 분노는 폭발했다.

"또 내가 대신 해주길 바라는 거야? 제발 그런 식으로 말하는 것 좀 그만해!!!"

그렇게 B와 K의 관계는 종료되었다. 그리고 B는 다시는 K와 같은 사람을 만나지 않겠다고 다짐했지만 회사에서도 여전히 사람들에게 이용당하며 문제가 반복되고 있다. 그런 B는 진지하게 고민한다.

'이런 내가 문제인가? 내가 이렇게까지 그들에게 인정받으려 하는 게 문제인 것 같아. 내 인정 욕구를 버려야겠어. 근데 왜 안 버려지지? 역시 나는 안 되는 건가?'

여기서 문제는 인정 욕구가 있어 괴로운 것이 아니라, 인정 욕구가 의존형 성격과 결합해서 타인과 융합되어버리는 현상이다. 어린 시절 B가 자기를 버리고 엄마의 욕구에 맞추었던 것처럼, K의 욕구에 맞추느라 소진된 것처럼, 지금 회사에서 자신을 이용하는 상사들의 요구에 맞추고 있는 것처럼. 타인의 기대와 가치관대로 행동하는 삶을 멈춰야 문제 해결이 시작된다. 나의 인정 욕구에는 죄가 없다.

의존형 성격과 인정 욕구가 나를 파괴하는 과정

타인에게 잘 보이려는 시도가 불러오는 비극은 또 있다. 바로 가스라이팅에 취약해지는 것이다. 가스라이팅[21]이란 정서적으로 누군가를 조종하려는 행위로 정의한다. 요즘 남용되는 면이 있는 용어지만 의존형 성격에 있어 가스라이팅은 주목해야 할 개념이다. 잘 보이기로 선택한 나를 이용하고 착취하고자 하는 가스라이터의 먹잇감이 될 가능성이 매우 높기 때문이다.

B의 경우도 K의 은밀한 가스라이팅에 이용당하고 있었다. 회사에서도 상사들의 착취에 노출된 상황이다. 권력을 가진 사람일수록 타인을 조종하고자 할수록 파급력이 커진

다. 더군다나 B와 같이 의존형 성격의 사람들은 중요한 타인에게 버림받지 않기 위해 최선을 다해 맞추기 때문에 타인의 조종에 자발적으로 응한다. 의식적으로 또는 비의식적으로. 게다가 자기 부정 또한 B를 괴롭히고 있다. 그 누구에게도 드러낼 수 없는 자기만 아는 자신의 모습이 있어서 할 수만 있다면 지워버리고 싶기 때문이다. 즉, 인정 욕구가 의존형 성격과 만나면 자기부정으로 이어지기 쉽다.

인정받지 못하면 세상이 끝날 것이라 믿는다

구체적으로 다음의 심리 특징 세 가지로 살펴보자. 첫째, B는 중요한 타인에게 잘 보이지 않으면 안 된다는 신념을 갖고 있다. 즉, B가 갖고 있는 절대명제는 (내가 소중하게 생각하는 그 사람이 나를 좋아하게) "잘 보여야만 해!"이다. 이러한 특성은 중요한 타인을 대하는 B의 일상을 살펴보면 쉽게 확인해볼 수 있다. B는 속으로 이렇게 생각하며 불안에 떤다.

'사실 난 남들만큼 잘 하는 게 없어.'

'난 혼자선 이 세상을 헤쳐 나갈 능력이 없는 사람이야.'

'내가 나를 신뢰할 수 없으니 혼자 결정내릴 순 없어! 반드시 다른 사람들에게 물어봐야 해.'

위의 세 가지는 제프리 영[22]의 심리도식치료에서 '자율성이 손상된' 사람이 흔히 갖는 마음이다. 혼자서는 사소한 결정도 내리기 어려우니 중요한 타인에게 더욱 의존한다. 어려운 결정일수록 그에게 조언을 구한다. 그렇게 결정을 지연하는 자신을 경험하면 할수록 자신에 대한 확신은 점점 더 사라지며 더욱 타인에게 의존적인 성격으로 굳어지게 된다. 이럴 땐 "그 사람에게 잘 보이지 않으면 세상은 끝날 거야"라는 신념이 미신임을 스스로에게 말해주어야 한다. 그 생각으로 인해 더욱 더 의존적인 사람이 되어가고 있음을 자각해야 한다. 결론적으로 나는 나를 해치는 방식으로 인정 욕구를 쓰고 있다고 나에게 말해주자.

참았던 감정이 분노와 사회불안으로 이어진다

두 번째로 B는 정서표현을 억제하고 있다. 그리고 이러한 특징은 곧 내가 느끼는 이 싫은 감정을 티내지 못하는 행동으로 이어진다. 이렇게 고유의 정서를 참는 행동은 불안을 넘어 공포감과 분노가 뒤섞인 부정 정서로 이어진다. B는 아무도 모르게 이런 감정을 느낀다.

'내가 계속해서 참고, 잘하면(정서표현 억제) 언젠간 인정받을 줄 알았는데 아니었어! 내 노력이 부질없었던 거야! 화나서 도저히 견딜 수가 없어!! 더 이상 못 참겠어!'

그리고는 자기도 모르게 분노를 쏟아낸다. 참았던 불편감이 증폭되어 결국 폭발한다. B와 같이 의존형 성격을 가진 사람들이 정서표현을 억제하는 마음은 다음과 같다.

'(불편한 상황에서) 당황스럽지만 어떻게 해야 할지 모르겠으니 그냥 감정을 억누르자.'

'감정은 완벽히 통제해야만 해! 부정적인 감정은 절대로 드러내면 안 돼.'

'내가 부정적인 감정을 드러내면 사람들이 날 좋아하지 않을 거야(떠날거야).'

이렇게 부정 정서를 억눌러야만 하는 이유가 다양하게 존재하기에 정서표현을 억제하며 사회불안과 같은 부정적인 결과로 이어진다. 사람과의 상호작용에서 자신의 감정을 있는 그대로 드러내지 못하고 억제하는 것이 습관이 된다는 의미는, 사람들과 있을 때의 자신에게 점점 자신감이 없어진다는 것이다. 이렇게 자기에 대한 개념이 부정적이 될수록 자신의 모습으로 타인과 함께 있는 상황이 불편해진다. 사람들이 내 본모습을 알게 된다면 나를 부정적으로 평가할 것이라는 두려움은 곧 인정 욕구의 좌절로 이어진다.

이럴 땐, 있는 그대로의 나로서는 인정받을 수 없다는 전제부터 점검해야 한다. 내가 도대체 어떻기에 타인은 나에 대해 부정적인 평가를 할 거라고 전제하는지, 나의 묵은 상처를 점검해보자. 어린 시절 부정적인 정서를 꺼냈을 때 어떤 반응을 경험했는지 떠올려보자. 혹시 그때 상처를 받고 다시는 속마음을 꺼내면 안 되겠다고 다짐하게 된 것은 아닌지, 내가 나를 숨기게 된 계기를 찾아보자. 인정받고 싶은 욕구가 나로서는 인정받을 수 없으니 나를 숨겨서라도 인정받고 싶은 마음으로 변질되었다. 이 왜곡된 마음을 바로 잡아주자. 그리고는 말해주자. 쌓아두었다 폭발하면 결국 관계는 깨진다고. 친해지고 더 깊어지고 싶은 사람일수록 쌓이기 전에, 최대한 일관적으로 불편한 감정을 표현해보자고. 그것이 오히려 관계에서 나로 인정받을 가능성이 높은 길이라고.

강박적으로 잘 보이기 위해 애쓴다

세 번째로 B는 중요한 타인에게 잘 보이기 위해 무리하게 애쓴다. 즉, 인정받지 못할까 봐 불안해서 타인에게 완벽하게 맞추는 강박행동을 해왔다.

이러한 강박행동은 타인의 기대 수준을 만족시켜야만 인정받고 수용될 수 있다는 신념에서 나오는 대표적인 행동이다. 하지만 타인이 원하는 대로 완벽히 맞추겠다는 목표 자체가 비현실적이다. 달성할 수 없는 목표를 스스로에게 부여하고, 그 기준 달성에 실패하는 경험을 반복한다.

완벽주의[23]가 우울로 빠지는 루트는 위험하다. 쉽게 달성할 수 없는 높은 기준을 설령 일시적으로 달성했다 하더라도, 완벽주의자들은 계속해서 기준을 상향하기 때문이다. 기준을 달성했더라도 기뻐하는 대신에 자신이 기준을 달성했을 리가 없다고 부정하며, 더 높은 기준을 설정하고, 또 다시 기준 달성 실패로 자신을 몰아넣는다. 결과는 그렇게 못난 자신을 비난하고 우울감에 빠지는 악순환이다.

더 큰 문제는 타인의 기준이 어느새 나의 기준이라고 믿게 된다는 것이다. 타인의 기준을 내면화하여 타인이 비난했던 것처럼 자기를 비난한다. 불행한 완벽주의 성향은 강박행동에 의해 더욱 강화되고, 인정은 채워지지 않는다. 자신의 인정 욕구를 채우기 위해 시작된 일이 결국에는 스스로를 더욱 더 불안한 상태로 만드는 것이다.

변화하고 싶다면 이제껏 나의 욕구를 뒤로하고 중요한 타인에게 맞추던 행동을 멈춰야 한다. 맞추다 폭발하는 결말이 반복되다 보면 결국 불특정 다수에게 마음 열지 못함으로 이어지기 때문이다. 이는 결국 나에게 해가 된다. 의존적인 관계 패턴의 고리를 끊기 위해 멈춰보자. 멈추는 순간, 나는 더 이상 예전의 나와 같지 않다. 다른 대응(타인에게 맞추지 않기)을 했기에 다른 결과(보다 독립적인 나)를 기대할 수 있다.

의존적인 성격에서 벗어나기

✦

내가 나를 부정적으로 생각할수록 타인이 나를 부정적으로 평가할까 봐 두려워하는 마음은 커진다. 나를 부정적으로 보기 때문에 타인의 인정을 추구하지만, 그 타인이 두렵기에 진짜 내 모습을 보여주지 못하는 것이다. 원하는 인정도 얻지 못하고, 나는 소진되며, 관계는 더욱 힘들어진다. 이런 식으로 살면서 힘들었던 내 모습을 돌아보는 시간을 가져보자. 원하는 걸 얻고자 노력했지만 결국 내가 나를 해치고 있었다는 걸 이제 확실히 알게 되었지 않은가.

B도 의존적인 성격을 바꾸고 싶은 마음이 큰 상태다. 그동안 타인에게 맞춰오면서 좋은 결과로 이어졌던 적이 단

한 번도 없었다는 걸 확인했기 때문이다. 타인에게 맞출수록 사람들은 B에게서 떠났다. 그렇다고 사람이 필요하지 않은 건 아니다. 여전히 친밀한 관계를 원한다. 단지, 덜 의존적이고 더 건강한 방법으로 관계 맺고 싶다.

첫 번째 단계,
나의 정체성 형성 과정을 탐색한다

지금의 내 성격이 어떻게 만들어졌을까? 즉, 내가 타인에게 맞춰야만 살아남을 수 있다는 의존형의 성격이 어떻게 형성되었는지 확인하자. 혼자서 할 수 있는 방법으로 '충분히' 글로 쓰는 방법을 추천한다. 글로 쓸 땐 하나의 에피소드 속 감정에 머무르는 작업이 도움이 된다.

예를 들어, 내가 기억하는 최초의 기억을 떠올려본다. 대부분 첫 기억은 강렬하게 남아있기에 그때의 사건, 감정을 떠오르는 대로 글로 쓴다. 나이는 중요치 않다. 내가 그 장면을 첫 기억으로 생각한다는 것이 중요하다. 그리고는 나의 연대기를 써내려 간다. 다섯 살 때가 첫 기억이라면 그 나이를 시작으로 현재의 나이까지 기억나는 사건을 쓰고, 그때의 감정, 가능하다면 현재의 내가 그때를 바라보며 느끼는 감정까지 기록해보자.

B의 경우, 첫 기억을 통해 혼자였던 경험이 강렬한 두려움으로 남아있는 자기를 발견했다. 그리고 성인이 된 나는 그때의 나를 안타깝게 바라볼 줄 아는 나로 성장했다고 스스로에게 말해주었다.

연도 혹은 시기	사건		현재의 감정 상태
	내용	그때의 감정	
1987년 유년기	첫 기억: 자다 깼을 때 어두운 다락방에 혼자 있었고, 울어도 아무도 오지 않았다. 아무도 없는 집에서 울며 엄마를 찾던 나.	나를 버리고 간 게 아닌가 하며 두려워했다.	안타까움
초등학교 1학년			
초등학교 2학년			
초등학교 3학년			
…			

'그동안 내가 참 힘들었겠다.'

그저 그 마음을 있는 그대로 읽어주면 된다. 과거의 나를 성인이 된 나로 다시 써보는 작업을 통해 그때의 감정뿐만 아니라 현재의 감정도 확인하자.

두 번째 단계,
현재까지 어떤 영향을 주는지 확인한다

B는 '자신의 연대기'를 작성하면서 자주 등장하는 인물을 발견했다. 엄마였다. 엄마가 바라는 대로 행동할 때만 칭찬받고 수용 받았던 자신을 발견했다.

어릴 때의 B는 힘든 내색을 하지 않고, 스스로 알아서 할 때 큰 칭찬을 받았다. 힘들다고 내색할 경우 "뭐 그런 걸로 힘들어 해?"라고 혼났다. 어차피 도움을 받을 수도 없으니 알아서 하자고 마음먹었다. 엄마는 B에게 '손 안 대고 큰 자식'이라며 자랑스럽다 했다.

이러한 '가치조건화condition of worth'와 거부의 빈번한 경험이 축적될수록 B는 '나는 엄마 뜻대로 할 때만 인정받을 수 있구나'라고 생각하게 되었다. 특정 가치(엄마가 바라는 가치)대로 행동할 때만 조건적으로 수용 받을 수 있고, 그 가치에서 벗어날 경우 거부당하는 존재임을 학습한 것이다.

B처럼 중요한 가족의 승인이 좌절된 경험은 곧 자기를 부정하는 경험들로 이어진다. 중요한 타인으로부터 거부당하는 경험은 몸의 상처처럼 마음을 파고들기 때문이다. 자기의 가치를 부정해서라도 승인받고 싶다. 어느새 자신의 가치는 존재를 감춘다. 애초에 중요한 타인의 가치에 맞추는 나로 정체성이 만들어졌다는 사실을 세밀하게 이해해본다. 그래서 내가 타인에게 맞추게 되었구나 하며 나를 이해하게 되는 과정을 충분히 가져보자.

세 번째 단계,
내가 소외시켰던 나를 바라본다

타인에게 맞추다 잃어버린 나에 대해 살펴보는 시간을 가져보자. 그동안 나 스스로 소외시키면서 잃었던 것들에 대하여 글로 써보는 것이다. 타인에게 맞추면서 불편했던 사건부터 시작해보면 된다. 오늘 하루를 돌아보며 내가 언제 불편했었는지, 그 불편감을 억누르면서 어땠는지, 시간을 갖고 적어본다.

'나 사실 아까 걔가 그 말 했을 때 기분 별로였는데….'

'왜 난 그때 또 당황해서 웃어버렸지?'

'난 참 바보 같아…. 그렇게 해서라도 그 순간을 아무 일 없었던 것처럼 무마시키고 있었네….'

B는 별로였던 기분을 숨겨서라도 그 사람과의 관계를 지키고 싶었던 자신의 마음을 바라보았다. 그런 자신을 바보 같다 여기는 마음도 그저 그대로 읽어주었다. 그러면서 자기 자신마저 자기를 소중히 여기지 않고 있었다는 걸 알아차렸다. 이렇게 나의 마음을 거르지 않고 꺼내는 '표현적 글쓰기expressive writing'[24]는 치유의 힘이 있다. 나를 객관적으로 바라볼 수 있게 도와주기 때문이다. 연구에 따르면 글을 쓸 때 다음의 가이드라인에 따를 경우 더욱 효과가 있다.[25]

첫째, 최소 15분 동안 적어본다.

둘째, 글을 쓸 때 맞춤법, 글씨체 등은 신경 쓰지 않는다.

셋째, 나만의 비밀 글이므로 마음껏 털어낸다.

넷째, 쓰고 있던 글의 주제에서 벗어났다 인지하는 경우, 원래의 주제로 돌아온다.

다섯째. 나의 감정에 대해 두려움이나 죄책감을 갖지 않고 그저 글로 꺼내는 데 집중한다.

여섯째. 더 이상 쓸 내용이 없을 땐 이미 썼던 내용을 반복해서 써본다.

일곱째. 감정이 격해질 경우엔 글쓰기를 중단한다.

이렇게 글을 통해 자신의 마음과 만나는 연습을 하는 것이 추후, 타인과의 소통에서 자신의 마음을 솔직하게 꺼내는 데 도움이 된다. 하루 15분씩, 꾸준히 연습해보면 좋다. 핵심은 솔직하게, 자신의 갈등을 들여다보고, 그것을 글로 풀어내는 것임을 기억하면서.

네 번째 단계,
진실한 관계로 변화를 시작하자

타인에게 맞추던 관계에 변화를 시작할 준비가 되었다. 현재에 영향을 미치는 과거를 돌아보았고, 현재의 내가 더 이상 같은 모양으로 살고 싶지 않은 마음까지 왔다. B도 의존형 성격은 관계에도 나 자신에게도 도움이 되지 않는다는 걸 받아들인 상태다. 이제 필요한 건 가까운 타인에게 불편한 감정도 표현해보는 시도다.

의존형 성격처럼 타인에게 수용받을 수 있을 것 같은 모습만 꺼내보았던 사람들은 자신의 힘든 감정을 제대로 꺼내지 못하는 데 익숙하다. 꼭 그 사람으로 인해 불편한 감정이 아니더라도 말이다. 살면서 하게 되는 고민을 털어놓으면 상대방이 질릴까 봐 두렵다. 내가 상대방을 감정 쓰레기통으로 여길까 봐 무서운 것이다.

그런데 관계가 깊어지려면 허심탄회한 소통이 필수다. 다시 말해 힘든 감정도 편안하게 꺼낼 수 있는 관계여야 내가 마음 놓고 기댈 수 있다. 애초에 내가 친밀한 관계에서 바라는 것도 감정의 공유이기 때문이다.

감정 공유와 감정쓰레기통의 중요한 차이점은 감정에 대한 '책임 소재'에 있다. 감정 공유는 감정의 책임이 공유하는 주체에 있다. 감정을 공유하는 사람이 그 감정에 대해 책임진다는 의미다. 힘든 감정을 털어놓지만 해결은 내가 한다는 접근이다. 반면, 감정쓰레기통은 감정의 책임이 듣는 사람에게 있다. 감정을 공유하는 사람은 자신의 감정을 상대방이 해결해주길 바란다. 자기의 감정을 떠넘기는 거다. 매우 큰 차이가 아닌가?

B는 중요한 타인에게 자신의 힘듦을 털어놓으며 다음과 같이 말해보았다. 그리곤 힘듦을 털어놓아도 된다는 걸 조금씩 학습했다.

"내가 이렇게 힘들고 우울한 마음을 털어놓으면서 한편으로는 걱정이 돼. 나의 이 부정적인 감정이 너에게 전염될까 봐. 그래서 미안하기도 하고 고맙기도 해. 그런데 난 내가 이렇게 힘들다는 걸 네가 알아주는 것만으로 큰 힘이 될 것 같아. 이 감정은 내 것이니까 내가 해결할 거야."

다섯 번째 단계,
내가 원하는 삶을 그려본다

이제 비로소 내가 원하는 삶, 즉 대안적 삶을 그려볼 단계다. 타인에게 맞추는 노력이 줄어드는 대신, 내가 나의 목소리를 듣는 시간이 늘어난다. 부정적인 부분들을 억제하고 지우려 했던 노력을 멈추는 동시에 긍정적인 측면에 대해서도 관심을 가져보는 여유가 생긴다.

B는 그동안 관계에 매몰되어 두려움에 떨던 자신과의 화해를 시작하며, 그동안 바라보지 못했던 자신의 강점strength

에 대해서도 조금씩 관심을 가지기 시작했다. 혼자서는 아무것도 할 수 없는 사람이라 여겼던 내가 사실은 무언가를 할 수 있다는 걸 경험하면서 '나는 이런 걸 할 수 있는 사람이구나'라는 생각을 다져나갔다.

나에게는 이런 약한 부분도 있는 반면, 이렇게 긍정적인 면도 존재한다는 걸 펼쳐놓고 바라보자. 이 시간은 다양한 나를 수용하게 돕는다. 자기수용의 장이 펼쳐지는 것이다. 그렇게 조금씩 자신에 대한 확신과 자기 가치감이 축적된다. 타인에게 의존해야만 살아남을 수 있는 내가 아닌, 타인과 관계하면서도 자신으로 건강하게 서 있을 수 있는 나로 성장한다. 그렇게 성장한 나는 타인과의 건강한 관계 속에서 인정 욕구를 자연스럽게, 현실에서 가능한 만큼 충족하며 살아갈 수 있다.

5장

성취 중독형
×
인정 욕구

: 남들보다 뒤처지면 절대 안 돼

성취 중독

체크리스트

'남들보다 뒤처졌다'는 생각에 자신을 채찍질하는 모습은 우리 사회에 흔하다. 자신에게 엄격한 사람을 보고 자기 관리를 잘하고, 성취 지향적인 사람이라 칭송하기도 한다. 실제로 새벽 기상을 하거나, 퇴근 후에도 공부와 운동 등을 하며 자기계발에 힘 쓰는 사람이 많다. 물론 그렇게 달리다 보면 양적으로 많은 성취를 이루는 데 유리하다.

반대로 자신에게 엄격한 사람 중에서, 성취하고 싶지만 행동이 따라주지 않는 속칭 게으른 완벽주의자도 많다. 완벽한 계획을 꿈꾸지만 실제로 행동하는 일은 드물다. 어느 쪽이든 성취에 민감하긴 마찬가지다. 둘 다 고통스럽다.

성취에 민감하게 살아왔다면 몸과 마음이 지쳐 타들어 가고 있을지 모른다. 어느새 의욕도 의지도 없어지고, 무기력한 날이 찾아올 수 있다. 혹시 이 글을 읽는 당신도 성취에 집착한다고 느끼는가?

회사에서 일하거나 가사 노동을 할 때 다음 체크리스트 문항과 같은 모습이 나타난다면 나도 모르게 인정 욕구가 성취에 대한 민감성과 결합되었을 수 있다.

남들보다 뒤처지는 데 민감하다면 다음의 성취 중독 체크리스트[26, 27]에 답해보자. 먼저 각 문항에 1~5 점수로 답을 해보면 된다. 다음의 문항은 강박적이고 엄격한 성격 특성을 측정하는 척도들의 일부 문항을 참조하여 이 책의 내용과 의도에 맞게 각색한 버전이다. 결과값 산출을 위해 1~6번 문항에 대한 평균 점수를 낸다(1번부터 6번까지의 점수를 더한 뒤 6으로 나눈다).

1 나는 내가 하는 일에서 최고가 되어야 한다.

그렇지 않다 1 2 3 4 5 언제나 그렇다

2 여가 활동이나 사적 만남, 휴식 등을 마다하고 일에 열중한다.

그렇지 않다 1 2 3 4 5 언제나 그렇다

3 나의 업무 스타일에 따르지 않는 사람에게 화가 난다.

그렇지 않다 1 2 3 4 5 언제나 그렇다

4 나는 이루어야 할 것이 너무 많아서 쉴 시간이 늘 부족하다.

그렇지 않다 1 2 3 4 5 언제나 그렇다

5 남들보다 뒤처진다고 생각하면 잠이 안 온다.

그렇지 않다 1 2 3 4 5 언제나 그렇다

6 내 방식대로 일하는 것이 편해서 모든 일을 도맡아 일하는 편이다.

그렇지 않다 1 2 3 4 5 언제나 그렇다

평균 점수의 설명

1~2.4점

낮은 수준

성취 중독의 문제를 갖고 있을 가능성이 낮음.

2.5~3.4점

보통 수준

성취 중독의 문제를 갖고 있을 가능성이 높지 않음.

3.5~5점

높은 수준

성취 중독의 문제를 갖고 있을 가능성이 높으므로 인정 욕구를 충족하는 과정에서 나타나는 행동 패턴의 점검을 추천함.

평균 점수가 높을수록 '성취 중독'형 성격의 문제를 갖고 있을 가능성이 높다. 성취 중독이 위험한 이유는, 성취의 실제 달성 여부와는 상관없이 몸과 마음이 무너지는 번아웃을 경험할 가능성이 높기 때문이다. 번아웃은 우리가 살고 있는 지금의 시대상으로 불릴 정도로 흔하다. 심지어 적절한 시기에 대처하지 못한다면 심각한 우울과 신체적 질병으로 이어진다. 이를 보여주기 위해 성취 중독을 가진 허구의 인물을 구성했다.

10인분의 일을 해도
만족하지 못하는 사람

최근 업무 관련 서적을 구매하고자 서점에 들른 C는 '남다른 치열함으로 무장하라'는 카피를 보고 흠칫했다. 꼭 자신에게 하는 말처럼 들렸다. 살펴보니 종합 베스트셀러 1위의 카피였다. 이런 문구가 많은 사람에게 와 닿고 있다는 생각에 더욱 불안해졌다.

'이 책을 읽은 사람들은 나보다 더 빨리 달리고 있을 테니 나도 빨리 뛰어야 할 텐데…. 그런데 예전처럼 달리질 못하겠어…. 어쩌지?'

C는 앞이 캄캄했다. 자신이 가진 무기는 남들보다 더 많은 시간, 많은 일을 해내는 것이었는데 이제 몸이 따라주지 않는다. 이런 마음은 C만 가진 것이 아니다. 모두가 개인의 능력으로 치열하게 살아남으라는 시대를 살고 있다. 인생 공식이나 성공 공식이 있을리 만무하지만 타인의 성공 비법이 궁금하다. 성공은 곧 생존과도 직결되기에 쉽게 포기하기 어렵다. 성공하지 않으면 도태되고, 회사에서 잘려나간다. 거기에 타고난 야망이 많은 기질이라면 더욱 더 성공에 민감하다.

C도 그랬다. 회사에 대한 자부심도 애사심도 강한 C는 누가 시키지 않아도 충성을 다해왔다. 그러다 회사 생활 최초의 위기가 찾아왔다. 작년에 조직 개편을 새로 하면서 경쟁사로부터 이직한 또래 직원들이 꽤 생겼다. 그중에서도 유능해보이는 F가 유독 신경 쓰였는데 이번 승진 결정에서 자신을 제치고 F가 팀장으로 올라간 것이다. 결정권자들에 대한 배신감도 컸지만, 이제 어떻게 해야 할지 앞이 캄캄해지며 멘탈이 붕괴되었다.

이제 회사에서 자신의 존재가 위태롭다. 이러다 영원히 뒤처지는 것이 아닐지 두렵다. 회사 사람들도 다들 C가 언제 승진할지에 대해 지대한 관심을 갖고 있었다. 최근에는 '이번 승진은 자네 차례지?'라고 웃으며 미리 축하하는 선배들도 있었다.

'사람들이 지금쯤 나를 어떻게 생각할까? 나를 불쌍하게 볼까?'

창피함이 몰려왔다. 그런데 더 신경 쓰이는 건 지인들이다. 특히 집안 친인척들이 이 사실을 알면 나를 어떻게 볼까? 생각하고 싶지도 않다.

C는 졸업 후 쉬는 기간도 전혀 없이 바로 취업했다. 누가 시키지 않은 일도 도맡아 하며, 언제나 그랬듯 회사에서도 중요한 사람으로 인정받는 느낌이 좋았다. 계획대로 팀장 승진만 하면 성공이라고 생각하며 아무리 힘들어도 버티고 버텼는데 이런 일이 생기다니 도저히 믿기지 않았다. 심리적 고통보다는 신체적으로 느껴지는 증상이 더 분명하게 나타났다. 바로 병원에 가서 종합건강검진을 받았다. 병원에서의 검진 결과로는 특별한 이상보다 뇌가 과부하 되었다고, 스트레스가 너무 많다고 쉬라고 한다. 의사의 말을 듣고 속으로 생각했다. '요즘 같은 세상에 스트레스 없는 사람이 어디에 있다고?' C에게 의사는 정신과 방문과 심리상담을 권했다.

무엇이 성취 중독형 성격을 만드는 걸까?

C가 지닌 성취 중독형 성격 형성 과정의 단서를 그의 어린 시절에서부터 찾아보자. C는 어릴 적부터 스스로 혼자 모든 걸 잘 해내는 아이였다. C의 부모님은 늘 일로 바빴는데, 그럴 때마다 스스로 알아서 하는 C를 부모님은 자랑스러워했다. C는 그런 부모님의 반응이 좋았다. 스스로도 그런 자신이 자랑스러웠다. 바쁜 부모님에게 도움이 되고 자랑스러운 자식이 되고 싶었다. 외가, 친가를 통틀어 C가 첫째여서 입학부터 졸업과 취업까지 많은 주목을 받았다. 동생들이 다 나를 쳐다보는 것 같고, 모범이 되어야할 것만 같았다.

"C처럼 좀 해 봐"

친척 어른들이 사촌 동생들에게 자주 했던 말이었다. 특히 C의 부모님도 동생에게 자주 그렇게 말했다. C는 자신이 동생의 본보기가 되어야한다고 생각했다. 계속 그렇게 잘하고 싶었다. 동생은 C와는 달리 공부에는 큰 관심이 없었는데, 그런 동생을 보는 부모님은 늘 걱정이 태산이었다. 동생에게 실망하는 만큼 C에게 거는 기대가 커졌다. C는 그런 부모님의 기대에 부응하며 살아오는 데 성공했다. 사춘기도 없이 비뚤어 나가지도 않고 뭐든지 맡겨진 걸 척척 잘 해내며 살아왔다.

C는 그동안 성취를 통해 존재감을 인정받으며 그것이 전부인 사람으로 살아왔다. 단 한 번도 실패한 적이 없다고 느꼈다. 이번 승진 누락 사건을 제외하면 그야말로 승승장구하는 삶이었던 C에게도 위기의 순간은 찾아왔다. 인생을 살다 보면 예상치 못한 순간들이 찾아온다. 늘 성취하는 데 자신이 있었던 C도 순간적으로 무너질 만큼 충격이 컸다. 잠시 멈춰, 자신을 돌아보는 시간을 가지지 않을 수 없었다. 몸도 마음도 다 무너져 평소라면 쉽게 할 수 있는 일도 하기 어려워졌기 때문이다.

성취 중독형이 번아웃에 이르는 과정

번아웃이란 의욕적으로 일에 몰두하던 사람이 극도의 신체정신적 피로감을 호소하며 무기력해지는 현상이다. 성취에 대한 포부 수준이 지나치게 높고 전력을 다하는 성격의 사람에게서 주로 나타난다.

번아웃에 취약한 사람의 일상에는 스트레스가 가득하다. 매 순간 잘하자고 되뇐다. 일중독자를 탈피하고 싶지만 쉽지 않다. 누가 시키지 않아도 모든 일에 완벽해야 한다고 채찍질한다. 어디가 보통의 선인지 도통 모르겠다. 해도 해도 늘 부족한 것 같다. 대충하는 건 용납할 수 없다. 주말에도 쉬지 않고 일거리를 만든다. 1인분이 아니라 10인분을 해도 만족하지 못하는 당신이라면 이미 번아웃을 경험 중일 수 있다.

일상에서 쓰는 '나 번아웃이야. 번아웃 상태인거 같아'라는 말에서 그치지 않고, 번아웃 증후군인지 알아보는 셀프 테스트로 점검해보자. 번아웃 증후군은 WHO 세계 보건 기구에서도 '제대로 관리되지 않은 만성적 직장 스트레스'라고 규정한 바 있을 정도로 관리가 필요한 증후군이다. 다음의 17개 문항을 하나씩 읽어 본 후, '나는 현재 몇 점인가?' 자가 진단으로 간이테스트를 해보자.

간이 번아웃 증후군 테스트

1점	2점	3점	4점	5점
전혀 아니다	약간 그렇다	그냥 그렇다	많이 그렇다	아주 그렇다

(1) 쉽게 피로를 느낀다.	① ② ③ ④ ⑤
(2) 하루가 끝나면 녹초가 된다.	① ② ③ ④ ⑤
(3) 아파 보인다는 말을 자주 듣는다.	① ② ③ ④ ⑤
(4) 일이 재미없다.	① ② ③ ④ ⑤
(5) 점점 냉소적으로 변하고 있다.	① ② ③ ④ ⑤
(6) 이유 없이 슬프다.	① ② ③ ④ ⑤
(7) 물건을 잘 잃어버린다.	① ② ③ ④ ⑤
(8) 짜증이 늘었다.	① ② ③ ④ ⑤
(9) 화를 참을 수 없다.	① ② ③ ④ ⑤
(10) 주변 사람들에게 실망감을 느낀다.	① ② ③ ④ ⑤
(11) 혼자 지내는 시간이 많아졌다.	① ② ③ ④ ⑤
(12) 여가 생활을 즐기지 못한다.	① ② ③ ④ ⑤
(13) 만성 피로, 두통, 소화 불량이 늘었다.	① ② ③ ④ ⑤
(14) 자주 한계를 느낀다.	① ② ③ ④ ⑤
(15) 대체로 모든 일에 의욕이 없다.	① ② ③ ④ ⑤
(16) 유머 감각이 사라졌다.	① ② ③ ④ ⑤
(17) 주변 사람들과 대화를 나누는 게 힘들다.	① ② ③ ④ ⑤

〈출처: 안전관리공단, 2015〉

해석
65점 이상: 번아웃 증후군이 의심될 정도로 위험한 수준

65점 이상이면 위험하다고 해석하지만, 문항 하나하나가 중요한 신호다. 5점(아주 그렇다)이 한 문항이라도 있다면 눈여겨보자.

'이유 없이 슬프다(6번)' 혹은 '하루가 끝나면 녹초가 된다(2번)'에 해당하는 경우를 생각해보자. 이미 나의 몸과 마음은 신호를 보내고 있다. 그런데 무시해버린다면 나의 슬픔과 피로는 누적되어 나중에 더 큰 병으로 돌아올 것이다.

'점점 냉소적으로 변하고 있다(5번)'면 내가 왜, 언제부터, 누구에게, 어떤 상황에 더 냉소적인지 나를 돌아보는 시간을 가져야 한다.

'주변 사람들에게 실망감을 느낀다(10번)'라고 느낀다면 구체적으로 어떤 면에서 실망감을 느끼는지, 왜 그렇게 느끼는지 나의 마음을 돌아보는 시간을 가져야 한다. 그냥 넘어가면 나의 실망감은 해소되지 않은 채, 내 안에서 머물며 몸에 차곡차곡 쌓이다 언젠가 갑작스럽게 무너질 수 있다. 앞 문항에서 체크한 부분을 통해 내 마음과 몸을 점검하면서 과부하 된 지점을 파악해보자.

최근 많이 찾는 TCI 기질 및 성격검사에서도 번아웃 증후군에 취약한 기질을 측정한다. 그 기질은 '인내력persistence' 이다. 인내력이 높은 사람은 근면 성실하고, 끈기 있게 장애물을 헤쳐 가며, 성취에 대한 야망이 높고, 완벽주의 또한 높다. 인내력은 야망을 달성하기 위해 특정 행동을 유지하는 체계다. 인내력이 높은 사람은 당장 혹은 지속적으로 보상이 오지 않아도, 한 번 성공했던 경험을 잊지 않고 계속해서 행동한다. 부지런하고 성실해서 공부하거나 일하는 곳에서 인정과 신뢰를 얻기 쉽지만 이에 부작용이 따른다. 한마디로 성취를 위해 많은 시간, 체력 등 에너지를 희생하기에 소진되기 쉬운 기질인 것이다.

성취를 위한 도구로 나를 사용하는 삶을 멈춰야 할 때

'나는 언제나 최고가 되어야 해. 2등은 받아들일 수 없어.'

'만약에 내가 실수를 한다면 나는 나를 용서할 수 없을 거야.'

'내가 맡은 모든 책임을 완수해야만 해!'

C가 보이는 특징은 심리도식치료에서 말하는 '엄격한 기준도식Unrelenting standards scheme'으로 설명할 수 있다. 엄격한 기준도식을 가진 사람들은 자신의 수행에 대해 매우 높은 내적 기준을 지닌다. 성공에 대한 압박감으로부터 벗어나기 어렵다. 늘 높은 기준을 충족시키기 위해 자기 자신을 몰아붙이는 데 익숙하기 때문이다. 여유가 없어도 해야만 한다고 생각하며 완벽한 수행을 위해 애쓴다. 그렇지 않으면 자기 자신을 참을 수가 없기 때문이다. 성취를 위해 가진 모든 에너지를 사용하다 보니 휴식이나 여가, 건강이나 퀄리티 있는 관계와는 거리가 먼 삶을 사는 결과로 이어진다. 성공이나 '유능감competence' 이외에는 에너지를 쓸 여유가 없는 불균형 상태로 살아간다.

'도식scheme'이란 개인이 자신의 경험을 통해 만들어낸 생각의 패턴이다. 주로 어린 시절에 중요한 타인과의 상호작용에 의해 만들어지기 시작하는데, 이렇게 초기에 부적응적으로 만들어진 생각의 패턴이 적절히 수정되거나 치유되지 않으면 이후에 경험하는 삶에서 계속해서 강화된다. 자기 안에 더 확고한 생각으로 굳어지며 자신의 세계를 결정한다. 내가 가진 도식이 내 삶을 설명해줄 수 있게 된다. C가 스스로에게 '엄격한 기준'이라는 도식을 무분별하게 적용하면서 점점 더 강박적으로 성취하는 성격으로 자란 것처럼.

엄격한 기준처럼 부적응적인 도식은 삶에 걸림돌이 되기에 수정이 필요하다. 부적응적인 도식이 인정 욕구와 만나면 '인정받지 못하면 끝'이라는 생각처럼 극단적인 생각으로 자신을 몰아붙이는 행동이 나타난다.

우리의 인정 욕구는 제대로만 사용한다면 내재된 잠재력을 극대화시켜 줄 귀중한 연료이지만, 비뚤어진 방법으로 사용한다면 나 자신을 해칠 수 있을 만큼 강력한 힘으로 작용한다. 그렇기 때문에 내 안의 부적응적인 도식을 조금 더 적응적인 도식으로 바꾸는 마음의 작업이 필요하다.

성취 중독형 성격과 인정 욕구가 나를 파괴하는 과정

성취 중독형 성격을 굳이 바꿔야 할까? 고민이라면 성취 중독형 성격과 인정 욕구가 나 자신을 파괴하는 과정을 살펴보면 도움이 될 것이다. 우선 유능감에서부터 출발해보자. 유능해지고 싶은 마음은 인간의 기본 심리적 욕구다. 그런데 그것이 삶의 전부가 될 경우, 이야기는 달라진다. 삶에는 다양한 가치가 있기 마련이다. 나라는 존재는 일 말고도 여러 역할과 경험을 할 수 있는 사람이다. 그런 사람에게 일만 하게 한다면? 그건 나라는 사람의 존재 자체를 제약하는 일이다. 그것도 내가 스스로에게. 그것 자체로 학대가 아닌가.

여기서 자기 학대를 부추기는 사회 탓을 안 할 수가 없다.

현대인들은 언제 올지 모르겠지만 언젠간 올 것 같은 보상에 중독된 채 살아간다. 열심히 하면 높은 곳으로 올라갈 수 있다고 속삭인다. 회사에서는 대놓고 착취를 숭고하게 여기는 문화가 여전히 존재한다. 자기 착취가 아니고서야 도저히 달성하기 어려운 목표를 눈앞에 제시해놓고 개인에게 떠넘기는 사회다.

이토록 자기 착취에 빠지기 쉬운 취약한 환경에서 성취형 성격까지 가진 사람은 중독에 더욱 취약하다. 또한 스스로에게 엄격한 성격의 사람에겐 한 가지 더 큰 문제가 따라온다. 그런 자신을 돌볼 수 있는 것 또한 안타깝게도 자기 자신밖에 없다는 사실이다. 건강한 사람은 힘들 때 주위에 도움을 요청한다. 그런데 스스로에게 엄격한 사람은 가까운 가족에게조차 도움을 요청하지 못한다. 그것 또한 나약한 자기를 노출하는 꼴이라 용납하기 어렵다. 모든 걸 스스로 알아서 하는 게 당연하다 생각하기에 힘들수록 더 혼자서 이겨내려 한다. 철저히 혼자서 감당한다. 그리고 스스로에게 또 다시 주문한다.

'빨리 일어나서 다시 달려! 언제까지 엎어져 있을 거야?!'

평소처럼 달리지 않는 자신을 어떻게 해서든 일으켜 세우느라 애쓴다. 잠시도 쉴 틈을 주지 않고 스스로를 일하게 만들었던 C의 일상을 살펴보면 다음의 세 가지 심리 특징이 나타난다.

반드시 남들보다 뛰어나야 한다고 믿는다

첫째, C는 "나는 남들보다 뛰어나야 해!"라고 생각하며 살아간다. 겉으로 보이는 당당한 모습과는 달리 C는 언제나 다른 사람과 자신을 비교하며 신경이 곤두서있었다. 그가 가장 자주 비교하는 대상은 주로 C와 가까운 사람, 특히 사촌들을 포함해 친인척 또래였다.

가까운 사람과 비교하는 것의 맹점은 바로 가까운 사람이 C의 세계가 된다는 것이다. 소위 '남'이라고 말하는 그들은 이 인류 집단의 극히 일부임에도 불구하고 C에게는 그들이 인류를 대표한다. 결과적으로 타당하지 않은 표본과 자신을 무의미하게 비교한다. 그렇다면 C는 왜 이런 행동 특징을 반복하는 것일까?

우선 C는 어린 시절부터 가까운 사람들과의 비교를 통해 평가당했던 기억이 많다. 인간으로 살아가면서 우리는 의도치 않게 아주 어린 시절부터 다양한 평가를 경험한다. 부모님이나 친척, 교사 등과 같이 어른들로부터 받는 평가는 어른이 되어서도 마음에 상흔을 남겨 삶의 곳곳에 영향을 미친다. C의 경우, 가까운 친인척 어른들이 사촌들을 모아놓고 서로의 업적을 비교했다. 대체로 C가 월등한 성적이었지만 평가가 불안하긴 마찬가지였다. 한 번이라도 훌륭하지 않을 경우 자신에게 올 평가의 잣대가 눈에 선했기 때문이다. 지금도 명절에 친척 집에 가는 것이 싫다.

늘 공부나 학교 이름 등에서 우위를 차지했던 C는 친척 어른들의 자랑이었다. '○○ 학교에 다니는 우리 C, ○○ 회사에 다니는 우리 C'라고 부르며 존재가 아닌 타이틀로 인정받는 느낌이 들었다. 그럴 때마다 주변의 어른들은 대단하다고 추켜세우곤 했다. 어른들에게 인정받기 위해서는 친척들이라면 누구나 인정하는 성취를 이루어내야만 한다는 마음이 어느 순간 뿌리 깊게 자리 잡아 C의 현재가 되어버렸다.

사람을 피라미드처럼 계급으로 나눈다

둘째, C는 남들보다 뒤처진다고 느낄 때 열등감과 같은 부정 정서를 느낀다. 부정 정서는 피라미드 세계관처럼 사람을 급level으로 나누는 상황에서 필연적으로 발생한다. 인간의 급이 피라미드 형태로 구분된다는 것은, 다시 말해 피라미드의 층위에 따라 사람의 위계가 결정된다는 의미다. 아래 층위에 있는 사람과 상대적으로 위층에 있는 사람이 질적으로 다르다. 이때 C와 같이 아래 층위에 있다고 판단되는 사람과의 비교를 통해 우월감을 확보하게 된다. '내가 재 보다는 낫지'라고 생각하며 더 높은 곳으로 올라간다. 약한 사람을 대할 때의 자존감의 수준과 강한 사람을 대할 때의 자존감의 수준이 현저하게 차이 난다. 즉, 누구를 대하느냐에 따라 자존감은 급격히 흔들린다.

이렇게 불안정한 삶을 감수하면서도 세상은 원래 피라미드와 같은 계급으로 이루어져 있다고 믿는다. 그렇기에 계속해서 위로 올라가는 것이 바람직한 성장의 방향이라고 생각하며 쉬지 않고 달린다. 그러다 이번 승진 사건과 같이 피라미드 위 단계로 상승할 기회를 놓치는 경우 C의 세계관

전부를 뒤흔드는 위협적인 사건으로 해석되며 무너진다. 회복도 어렵다. 성취가 세계를 이루는 전부라, 전부가 무너졌기 때문이다.

절박한 마음으로 계속해서 달린다

셋째, C는 성취를 향해 달리는 강박행동이 있다. 결과적으로 번아웃이 올 정도로 몸과 마음이 피곤해도 자신을 돌보지 않고 달린다. C는 학창 시절 엄마가 이모에게 하는 말을 엿들은 날을 똑똑히 기억했다.

'우리 C는 반장이야~ 친구들도 얼마나 따르는지 모른다니까.'

엄마가 신나서 말하는 통화를 몰래 들으며 생각했다.

'내가 그래도 엄마한테 부끄러운 자식은 아닌가보다.'

인생 최초로 반장을 하게 된 그 해 이후, C는 반장이 아니면 쓸모없는 존재가 될 것 같았다. 대학에 들어가서는 반드시 4년 안에 졸업해야 한다고 스스로를 다그쳤으며, 졸업 후 쉬는 시간 없이 단번에 취업에 성공했다. 어딘가에 소속되어 잘하지 않으면 실패자라고 스스로를 다그쳤다. 물론 지금껏 실패자가 된 적은 한 번도 없었다. 언제나 열심히 잘 해야 한다고, 게으르면 안 되고, 늘 노력해야 한다고 다그치며, 성공을 향해 열심히 살았고 운도 따라줬다.

그런데 계속해서 달리다 보니 쉬어야 할 때도 쉬지 못했다. 그만큼 번아웃에 취약해졌다. 현재 C는 쉬지 않으면 안 될 만큼 무리한 상황이다. 그럼에도 불구하고 C는 당장 일어나서 다시 달려야 한다고 생각하며 마음이 급하다. 쉬어야 증상이 나을 수 있는데 쉼을 자신에게 허용하지 않는다. 이렇게 C가 어떠한 순간에도 쉬지 않고 전진하는 행동의 이면을 알기 위해서는, C가 가진 쉼에 대한 개념을 살펴봐야 한다. C에게 쉼이란 패배, 후진, 피라미드 하위 층으로의 이동하는 차원의 개념이다. 한층 더 깊은 마음에는 뒤처지면 안 된다는 마음, 뒤처지면 계속해서 열등한 위치를 느껴야 하기에 그것만은 피하고 싶은 절박한 마음이 있다.

이 절박한 마음에는 함정이 있다. 흔히 절박해서 달릴수록 높은 성과를 낼 것 같지만 사실은 절박함이 위험한 충동성으로 발현될 수 있기 때문이다. 충동성을 다차원적으로 분석한 연구[28]에서도 충동성의 하위요인인 '부정 긴급성 negative urgency'[29], 즉 강렬한 부정적인 감정 상태에서 성급하게 행동하는 경향성은 자해행동, 폭식, 음주문제, 도박문제 등과 유의미한 상관을 보였다.

절대로 뒤처지면 안 된다고 생각하며 무조건 자신을 갈아 넣는 행동은 부정 긴급성 측면에서 봤을 때 스스로를 위험에 빠뜨릴 수 있기에 조절이 필요하다. 다시 말해 불안한 마음을 조절하거나 완화하기 위해 일을 열심히 하는 행동이 오히려 자신의 건강을 해칠 수 있는 결과를 낼 수 있다. 번아웃이 찾아온 C의 경우처럼 말이다.

C는 하루 빨리 실패로부터 벗어나 더 높은 곳으로 올라가야만 한다는 마음으로 가득했다. 성취를 이루어낸 적이 많은 그였지만 언제나 그런 '남'을 의식하며 살고 있었다. 그에게 필요한 건, '남'을 의식하는 것과 같은 자신의 삶에 해가 되는 습관들을 하나씩 소거해나가는 것이다. 그렇게 조금씩 성취 중독으로부터 벗어나지 않는다면 계속해서 이렇게 불편하고 힘들게 살아야 하기에 마침내 C는 인정받는 삶에 대해 진지하게 생각해보는 시간을 가지기로 했다. 인정받으며 살되, 조금이라도 더 편안한 삶이 가능할지도 모른다는 생각을 인생 최초로 하게 되었다.

‘능력이 전부가 아닌 삶이 가능할까?’

지금부터 C의 인정 욕구를 보다 건강하게 충족시키며 살기 위한 변화 과정을 소개한다.

성취 중독에서 벗어나기

늘 경쟁하며 살아왔던 C는 경쟁이라는 구도 자체에 너무나도 익숙해진 상태였다. 그런 C에게는 경쟁에서 이기는 것만이 안도할 수 있는 길이었다. 인생에서 승승장구하는 것만이 유일하게 행복해지는 길이었고, 그 반대의 경우는 실패하는 삶으로 인식했다. 승진 누락은 곧 실패이자 불행이었던 것처럼.

우리가 살고 있는 사회는 경쟁을 부추기는 사회가 맞다. 그런데 그 안에서 경쟁의 노예가 되어 산다면 손해는 내 몫이다. 경쟁을 하되, 덜 불편하게 살려면 어떻게 살아야 하는지 대책이 필요하다. 지금까지 살아온 삶과는 다른 모양의 삶은 생각해본 적 없는 C였지만, 적어도 지금의 번아웃은 문제라고 인식하고 있었기에 문제 해결을 위해서라도 한번쯤 삶에 대해 생각해보는 것은 나쁘지 않다고 생각했다.

첫 번째 단계, 절대명제를 확인한다

"남들보다 뒤처지면 절대 안 돼! 능력만이 삶의 유일한 가치야"라는 명제를 절대적으로 갖고 살아가는 C에게는 '최고로 능력 있는 삶'만이 유일한 경로다. 그 경로에서 이탈하는 일이 생기는 즉시 고통에 빠진다. 특별하지 않으면 좌절했던 A의 사례에서 확인한 것처럼 자기 가치감이 수반된 영역을 확인해볼 경우, C의 자기 가치감은 '경쟁과 학업적/일적 자신감'이 1순위였고, 전부였다.

C처럼 타고난 기질 자체가 야망을 중요시하기에 다른 가치의 소중함을 바라보는 게 쉽지 않다. 이미 C에게 있어 승진 누락은 실패이며, 자괴감을 줄 정도로 공포감을 주는 이벤트로 작용하고 있다. 그 배경에는 타인으로부터 '내사introjection, 내적투사'된 가치관까지 자리 잡고 있었다. 어릴 적부터 비교를 통해 추켜세워졌던 경험, 성취했을 때만 인정받

던 경험은 어느새 자기도 모르게 남들과 성취로 존재감을 비교하는 행위로 내사되었다.

내사란 프로이트가 제시한 방어기제defense mechanism의 한 유형으로, 무의식적으로 타인의 생각과 신념을 내면화하는 과정을 의미한다. 즉, 한 주체가 주위 환경이나 다른 주체의 행동속성을 탑재하는 과정이다. 특히 이런 행동은 어린 시절 부모나 친척어른, 선생님 등과 같은 외부 권력자의 신념을 내면화하는 것이 전형적이다. 중요한 타인과의 관계를 유지하기 위해 자기를 상실하는 대가를 치루는 현상이다. 나중에는 외부의 비교하는 압력이나 자극이 없어도 스스로 하게 된다. C처럼 말이다.

내사 행동은 우리를 끊임없이 검열하는 주체인 초자아가 만든 결과물이다. 어린 시절부터 초자아 속에 내사된 타인의 목소리는 어느새 일일이 신념을 주입할 필요가 없이도 내 안에 살아 숨 쉬게 되어버리는 것이다. 이제는 어린 시절 시작된 내사된 메시지를 점검해야 한다. 나의 초자아superego에게 그렇게까지 자신을 성취하라고 괴롭히지 않아도 된다고 말해줄 자아ego의 기능을 키울 필요가 여기에 있다.

C는 세계관의 점검을 시작했다. 이전까지는 남들의 세계

관에 휘둘려 여기까지 끌려왔다면, 이제는 C 스스로가 선택한 세계관으로 살아가고 싶다는 마음과 만났다. C를 충격에 빠지게 했던 건 승진 누락만이 아니었다. 사실은 '내가 올라갈 만큼 올라가도 끝이 없으면 어떡하지?'라는 공포가 그의 발목을 잡았다. 언제까지 피라미드 꼭대기까지 올라가려고 발버둥쳐야 하는지 캄캄했다. C는 더 이상 그렇게 살고 싶지 않았다. 누가 밑에서 따라올까 봐 신경을 바짝 곤두서는 일도, 늘 위를 쳐다보며 자신을 채찍질하는 일도 그만하기로 했다.

두 번째 단계, 절대명제를 의심해본다

지금껏 C가 지녔던 '남들보다 뒤처지면 안 된다'는 생각에는 성적, 연봉, 재산 등으로 인간을 획일화하는 패턴도 늘 함께했다. 실제로 인간의 삶은 그렇게 획일적으로 생기지 않았는데 말이다. 어린 시절에는 수능과 같이 단일 척도로 인간의 우월을 가리는 경쟁 프레임이 주어졌다. 그렇지만 그 프레임 밖으로 나오지 않는다면 승진을 해도, 결혼을 해도, 아이를 낳아도 동일한 프레임 속에 갇혀 살게 될 것이다.

그것은 C가 원하는 삶이 아니었다. 사실은 좀 편하게 살고 싶었다. 꼭 그렇게까지 자신을 해치면서 인정받는 것은 무의미하지 않은가라는 생각이 들기 시작했다.

이어서 C는 지금까지 믿었던 아파도 참고 달려야 한다는 생각도 의심해보았다. 몸과 마음이 아프다고 신호를 보내면 병원이나 상담소에 가서 나의 상태를 확인하면 되는 일이라는 것도 알아가기 시작했다.

인간이라면 누구나 불안을 갖고 산다. 아플 때조차 '아냐 난 괜찮아, 나약하면 안 돼. 반드시 이겨낼 거야! 빨리 일어나 다시 달려'라고 채찍질할 것이 아니라, 그럴 때일수록 '왜 넘어졌지?' 하고 나에게 물어봐줘야 한다. 우리의 마음 상태는 영구적인 것이 아니라 관리 가능한 영역이다. 지금 내가 너무 긴장도가 높은 것 같다 느낀다면, 나도 모르게 이를 꽉 물고 있다면 지금 내가 위험하니까 돌봐야한다는 신호로 인식하고 이완행동을 해보면 된다. 꽉 물고 있던 이를 풀어주고, 심호흡을 하면 된다. 단순히 내가 어디가 부족한 게 아니라 스스로를 돌볼 타이밍이라는 것을 인식한다면 나의 긴장도를 낮추고, 더 편안한 삶의 궤도에 진입할 수 있다.

세 번째 단계,
피라미드 세계관으로부터 벗어난다

C는 자신도 모르게 피라미드 세계관으로 사람의 급을 나누는 데 익숙해져 있다. 어릴 땐 으레 어른들이 그렇게 생각하니 그것이 당연한 줄 알고 자랐다. 그런데 피라미드 세계관, 즉 사람의 급을 나누는 데 익숙해지다 보니 위로 올라가기 위해서 살아가고 있었다. 남들과의 경쟁에서 비교 우위를 차지해서 인정받고자 하는 욕구가 스스로를 해치고 있는 줄도 모른 채.

지금 C에게 필요한 건 다음과 같은 생각이었다.

'내가 가진 피라미드 세계관을 어떻게 수정할 수 있을까?'
'그냥 갖고 갈 것인가? 아니면 부술 것인가?'
'아니면 기존의 세계관을 유지하기 위해 더욱 애쓸 것인가?'

이것들은 원점에서 자신의 가치관을 새롭게 만드는 작업이다. 그 누구도 어떤 트랙이 옳다고 강요할 순 없을 것이다. 중요한 건 그 누구의 주입이 아닌 스스로가 선택한 트랙을 태어나서 처음으로 만들어본다는 데 의의가 있다. 언제나 최고로 성취해야 한다는 강박이 어린 시절부터 내사된 메시지일 수 있다는 생각을 하게 된 C는 우선, 피라미드 세계관으로부터 탈피하기로 했다. 그토록 부담스러웠던 어른들의 비교와 평가는 성인이 된 나에게 해가 된다고, 스스로에게 말해주면서 천천히 변화를 시작했다.

네 번째 단계,
쉬는 연습을 시작한다

쉬는 데도 연습이 필요했다. 쉬는 것조차 '잘 쉬어야한다'고 생각하는 자신을 발견했기 때문이다. 휴식 또한 성취의 대상으로 여기는 자신을 보면서 C는 한편으로는 씁쓸했다. 쉬는 법을 잊어버릴 만했다. 살면서 언제 마음 편히 쉬었던가? 떠올려보니 초등학교 3학년 때가 떠올랐다.

그땐 쉰다는 개념보다는 논다는 개념에 가까웠다. 쉴 정도로 피곤한 적도 없었고, 3학년 때까지는 성적보다는 놀이에 빠져있었다. 한참을 뛰어놀고 난 후에는 거실 바닥에 대자로 뻗어 누워 있곤 했다. 그때의 마음은 참으로 편안했다. C는 자신에게도 편안한 감정을 느껴본 적이 있었다는 걸 발견하고는 오랜만에 웃음이 났다.

'그래, 지금 이 순간 내가 원하는 건 회복이다. 체력도 마음도 회복이 되어야 내가 원하는 삶을 살 수 있겠다. 충전할 줄 아는 능력은 필요하겠다. 잘할 필요는 없지만, 적어도 휴식할 줄 아는 내가 되고 싶다. 그것이 지금 나에게 가장 필요한 것이다!'

다섯 번째 단계, 조금 더 편안하게 인정받으며 살아가는 삶을 그려본다

쉬면서 그동안의 삶을 돌아보는 동시에 다른 사람들의 삶도 세밀하게 살펴보기로 했다. 자신의 생각이 사실이 아닐 수 있으며, 추측으로 인해 괴로운 부분은 버리고 싶다는 생각에 이르렀기 때문이다.

"행복? 그게 뭘까? 사람들은 보통 어떨 때 행복하다 느낄까?"

"피라미드 위 계급으로 계속해서 올라간다고 해서 과연 행복해질 수 있을까?"

"그래야만 진정으로 인정받았다고 느낄까?"

늦게까지 일하고 들어와 쓰러져 자기 바빴던 C는 사회생활을 시작하고 최초로 타인의 행복이 궁금해졌다. 인간으로서의 삶에 대해 진지하게 생각해보기 시작한 것이다. 어쩌면 이렇게 성취를 향해 달리는 삶이 전부가 아닐 수 있다는 의심이 조금씩 싹트기 시작했다. 지금껏 누가 봐도 성공적인 삶의 정석 코스를 따라가는 것처럼 보였고, 그것이 당연하다고 생각하며 달려왔지만 막상 그 길의 끝엔 다 타버린 자신이 있었다. 이대로는 안 되겠다는 생각을 살면서 처음으로 했다. 성취에 대한 갈망은 끝이 없겠구나, 이대로 가다간 나의 몸도 마음도 온전치 못하겠구나. 아니, 이미 온전치 않다는 걸 받아들였다.

"남들이 말하는 성공 코스를 따라가지 않고도 괜찮을까?"

C는 여전히 두렵지만 이대로도 괜찮지 않았다. 다른 방법이 필요하다는 생각에 다다랐다. 승진에 누락되며 인생 최초로 실패를 경험한 C는 이 시간을 자신을 돌보는 시간으로 사용하기로 했다. 강박적으로 성취에 몰두했던 자신, 지나치게 엄격한 기준을 제시하며 스스로를 달달 볶던 자신에게 문제가 있음을 감지했다. 수년간 성취하는 기계로 살았던 삶은 이제 그만 멈춰야 한다는 걸 인지했다.

여전히 찰나의 인정은 달콤할 것 같기도 하다. 어린 시절, 상처받았던 마음이 해소될 것 같기도 했다. 그런데 한편으로는 왠지 모를 공허감이 따라왔다. '그게 정말 내가 인정받는 건가?'라는 질문에 선뜻 'yes'라고 답하긴 어려웠다. 그렇게 살려면 지금껏 살아왔던 것처럼 일주일 내내 일하고, 잠과 휴식은 포기하는 성취 중독의 삶을 유지해야 하기 때문이다. 그렇게 하기에는 이미 몸과 마음이 너무나도 지쳤다. 그 방법이 맞는지 확신도 떨어졌다. 그렇게 받는 인정만이 가치 있을 것 같지도 않았다. 조금 더 편안한 방법을 찾고 싶다. 그것이 지금 C의 바람이다. 속으로 이렇게 되뇐다.

'보통만 하자.'

'제발 1인분만 하는 거야.'

'달린다 싶으면 시간을 내어 마음을 돌아보며 살자.'

'남들처럼 사는 게 아니라 내가 선택한 삶을 만들자.'

'완벽은 추구만 하자.'

성취 말고도 중요한 가치가 분명 있을 것이라고 믿어보기로 했다. 인정과 더불어 쉼과 즐거움이 공존할 수 있다면 그런 삶을 살고 싶어졌다. 찬찬히 생각해보니 C의 삶에 즐거움이 함께하기 위해서 필요한 것은 휴식, 그리고 퀄리티 있는 관계 속에서의 정서적 충족감이었다. 인정을 포기하는 것이 아니라, 인정받으면서도 다른 즐거움을 함께 느껴보고 싶었다. C는 일을 시작한 후 처음으로 멈춰, 자신의 삶을 돌아보는 시간을 통해 자신이 즐거움을 느낄 수 있는 사람이라는 걸 깨달았다. C도 변화를 선택했다. 성취가 전부가 아닌 삶을 시작했다.

내 삶을 살자

혹시 지금 이 글을 읽는 당신도 편히 쉬지 못하고 있다면 그런 나는 몸도 마음도 지칠 수밖에 없다는 걸 기억하면 좋겠다. 그렇게 성취에 쫓기고 중독되어 있다면, 쉬고 있어도 쉬고 있지 않으며 놀아도 노는 게 아니다. 결국 만성적으로 피로감만 쌓일 뿐이다. 그렇다고 뭐 하나 성과가 날 리도 없다. 이것저것 시도해봤자 소용없다는 이야기다. 에너지를 효율적으로 사용하지 못하면 성과가 나기 어렵다. 그래서 지속적으로 내 마음에게 물어보며 에너지를 관리해야 한다. 내 마음이 대답해줄 때까지 물어보자. 지금의 내가 진정 원하는 삶은 무엇이냐고. 한 번 묻고 포기하지 말고 대답해줄 때까지 물어보자. 그럼 내 마음은 이야기를 시작한다. 사실 내가 원하는 건 무엇이라고 말해준다. 그럼 그 이야기대로 살아보자. 그 이야기를 들어주자. 남들처럼 살지 않기로 하자. 내가 선택하는 삶이다. 그들의 인생은 그들의 인생, 내 인생은 나의 인생이기에.

6장

회피형
×
인정 욕구

: 세상에 믿을 사람은 단 한 명도 없어

회피형 성격 체크리스트

누구나 살아가면서 회피할 때가 있다. 주로 불안하거나 불쾌할 때 회피한다. 그것이 쉽고도 빠르게 나를 지키는 방법이기 때문이다. 그런데 회피가 성격의 특성이 된다면? 이야기는 달라진다.

해결해야 하는 문제를 모두 회피한다면, 문제는 늘 미결 상태로 남아 나를 괴롭힐 것이기 때문이다. 특히 나에게 꼭 필요한 관계를 맺는 데 큰 장애로 작용한다. 사람과의 관계를 맺다 보면 항상 크고 작은 문제가 발생하기 마련인데, 그럴 때마다 회피한다면 관계는 더 이상 발전하지 않기 때문이다.

관계에서 회피적인 성격을 가진 사람들은 주로 이런 말을 한다.

"난 하루 종일 카톡이 없어도 괜찮아. 뭐 언젠간 답에 오겠지? 안 오면 말고."

"누군가와 가까워지는 것은 왠지 불편해."

"내가 선을 잘 긋다 보니 사람들은 내가 쿨해 보인다고도 해."

혹시 이 글을 읽는 당신도 '혹시 내가 회피형이 아닌가?' 하는 생각이 든다면 체크리스트[30]에 답해 보자. 먼저 각 문항에 1~5 점수로 답을 해보면 된다.

사람들을 대할 때 위와 같은 모습이 나타난다면 나도 모르게 인정 욕구가 회피형 성격으로 결합되었을 수 있다. 다음의 문항은 회피형 성격 특성을 측정하는 척도의 일부 문항을 참조하여 이 책의 내용과 의도에 맞게 각색한 버전이다. 결과값 산출을 위해 1~6번 문항에 대한 평균 점수를 낸다(1번부터 6번까지의 점수를 더한 뒤 6으로 나눈다).

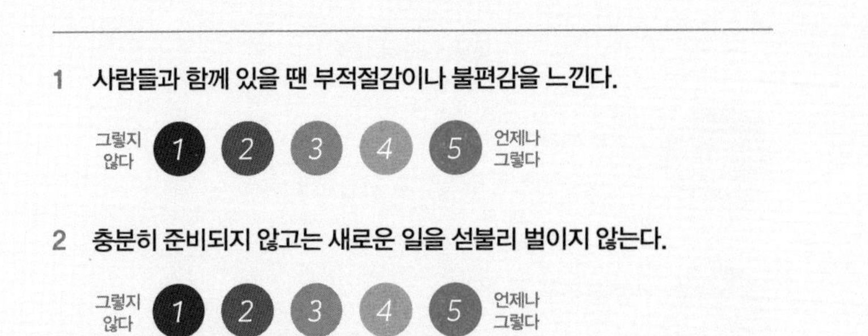

1 사람들과 함께 있을 땐 부적절감이나 불편감을 느낀다.

2 충분히 준비되지 않고는 새로운 일을 섣불리 벌이지 않는다.

그렇지 않다 1 2 3 4 5 언제나 그렇다

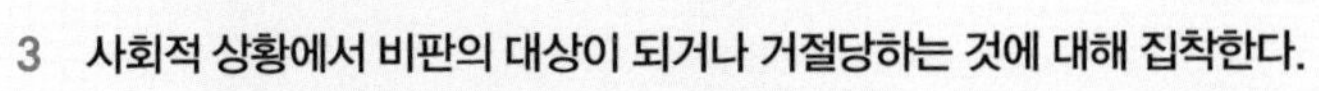

3 사회적 상황에서 비판의 대상이 되거나 거절당하는 것에 대해 집착한다.

4 일 이외에 사적으로 대인관계를 맺는 것이 불편하다.

5 대인 접촉이 관련되는 직업적 활동을 피한다.

6 나를 좋아한다는 확신 없이는 사람들과 관계하는 것을 피한다.

평균 점수의 설명

낮은 수준

회피형 성향을 갖고 있을 가능성이 낮음.

2.5~3.4점

보통 수준

회피형 성향을 갖고 있을 가능성이 높지 않음.

3.5~5점

높은 수준

회피형 성향을 갖고 있을 가능성이 높으므로 인정 욕구를 충족하는 과정에서 나타나는 행동 패턴의 점검을 추천함.

평균 점수가 높을수록 '회피형' 성격의 문제를 갖고 있을 수 있다. 그럴 땐 이러한 성격으로 인해 인정 욕구가 충족되기 어려운 상황이 반복될 가능성을 점검해보아야 한다. 타인 없이 인정은 불가능하기에 타인과의 깊이 있는 관계가 부재하다면 인정 역시 따라오기 어렵기 때문이다. 뒷장에서는 회피형 성격을 가진 허구의 인물을 구성하여 삶을 살펴보겠다.

타인과 깊은 관계를 맺지 못하는 사람

D는 겉으로 보이기에 자존감 넘치는 사람이다. 하던 일이 잘 풀리면서 주변 사람들은 그런 D를 부러워한다. D와 함께 일하는 사람들은 모두 그를 참 좋은 사람이라고 평한다. 일에 몰두하느라 최근 몇 년간 연애는 하지 않았다. 가끔은 외로움에 누군가를 만나볼까 했지만 가벼운 관계도 시작조차 하지 않았다. 그에게 다가오는 사람들은 종종 있고, 잠시 호감이 가는 사람들도 있었지만 진지한 관계로 이어가기엔 마음의 여유가 없다. 호감이 관심이나 좋아하는 마음으로 이어지는 경우도 없었다. 그런 그도 외로움을 느끼긴 하지만 그럴 땐 클럽에서의 일회성 만남이나 온라인 데이팅 앱에서

의 짧은 대화로도 충족이 되는 편이다. 굳이 누군가를 깊이 있게 만나고 싶은 마음은 들지 않는다. 혼자가 편하다.

지금 하는 일도 회사 내 전문직이라 대부분 혼자서 할 수 있어 만족도가 높다. 다른 팀과 협업하는 일도 한다. 초반에는 서로의 바운더리를 지켜주면서 일했기에 할만했다. 그런데 프로젝트가 장기화되면서 조금씩 팀원들과 부딪히기 시작했다. D의 사적인 영역에 대해 질문하기 시작하는 사람들이 늘어난 것이다. D는 철저히 일로만 관계하고 싶은데 그 바운더리를 침범하는 것 같아 부담스러워 피하기 시작했다. 회사 사람이 자신의 사생활을 궁금해하는 게 이해가 되지 않았다. D는 이 상황이 조금 낯설었다. 살면서 사람들이 자신에 대해 궁금해한 적이 없었기 때문이다. 심지어 초등학교 때는 이런 생각을 하면서 소외감을 느끼기도 했다.

'아이들이 날 좋아하지 않는 걸 보니 난 볼품없는 사람인 게 틀림없어.'

그러다가도 자신을 좋아하지 않는 그들에게 화가 났다.

'나에게 다가오지 않는 사람들이 잘못된 거야. 도대체 왜 나한텐 아무도 다가오지 않지?'

속으로는 누군가와 친밀해지고 싶었지만 결코 먼저 다가가지도 못한 채 혼자 있길 택했다. D는 먼저 누군가에게 다가간 일이 없었다. 그렇게 자의 반 타의 반으로 혼자 지낸 시간이 꽤 되었기에 사람들이 자신에 대해 궁금해하는 게 참 부담스러웠다. 어떻게 대처해야 할지 모르겠다는 마음이 들었다.

D에게 팀 프로젝트를 맡긴 상사는 이런 D를 보며 조금 우려스럽다. 혼자서는 누구보다도 일 잘하는 직원이지만 혼자 하는 일에는 한계가 있다. 앞으로 팀 단위로 더 큰 프로젝트를 이끌어주길 바라고 있다. 그만큼 D에게 거는 기대가 크다. 그런데 왠지 관계에서만큼은 일처럼 믿고 맡기지 못하겠다는 느낌이다. 팀원들과도 겉도는 것 같기도 하다. 불편해 보이는 걸 감지한 상사는 D와 면담시간을 만들어 사람들과도 좀 잘 어울리길 바란다는 의사를 전했다.

D는 더욱 황당했다. 어릴 땐 사람들이 다가와 주길 바랐던 자신이 어쩌다 이렇게 사람 자체를 밀어내게 되었을까? 다가

오는 사람들에게 왜 이런 불편감을 느끼는지 잘 모르겠다.

무엇이 회피형 성격을 만드는 걸까?

D가 지닌 회피형 성격 형성 과정의 단서를 어린 시절에서 찾아보자.

"뭐 그런 쓸데없는 걸 하냐?"

D는 어린 시절을 돌아보기 시작하면서 가장 먼저 아버지의 대사가 떠올랐다. 매서운 눈초리와 한심하다는 눈빛도 또렷이 기억한다. 뭐가 그렇게 한심했는지 모르겠는데 아무튼 D가 하는 일에 사사건건 지적했던 아버지가 참 싫었다. 유년 시절부터 강압적인 아버지는 D의 이야기를 들어준 적이 단 한 번도 없었다. 성인이 되어서도 D가 어떤 걸 바라는지 궁금해하지도 않았다. 자신의 가치관만 주입하려 할 뿐이었다.

D가 성인이 되어 직장에서 인정받아도 아버지는 관심을 주지 않았다. 오히려 회사 다니는 게 무슨 유세냐며, 당연히 해야 할 일을 하고 있는 거라고 더 열심히 하라고 부추겼다. 그런 아버지에게 보란 듯이 성공한 모습을 보이기 위해서

열심히 일했다. D가 사실 진짜로 피하고 싶었던 건 아버지의 비난이었다. 어릴 적부터 존재로서 부정당한 상처가 그대로 있었다.

아버지의 비난에 익숙해지는 동시에 자신감은 떨어졌다. 자기가 정말로 볼품없는 사람이라고 믿기 시작했다. 그리곤 다가오지 않을 거면 어려워라도 하라는 마음으로 그 누구도 무시하지 못하도록 무기를 하나씩 만들어갔다. 학교에서는 공부를 잘하니 그 누구도 뭐라고 함부로 하지 못했다. 회사에 와서는 맡은 일을 철저하게 해냈다. 인정 역시 따라왔다. 뭔가 허전한 마음은 늘 있었지만, 이대로도 괜찮다고 생각하며 여기까지 왔다.

D가 정말로 싫은 건 사생활을 물어보는 것보다도 가까워진 이후의 시나리오였다. 사적인 만남 자체가 불편했기 때문이다. 일로 경계를 짓는 관계가 딱 좋다고 생각했다. 한편으로는 잘 지내고 싶은 마음도 있었다.

'도대체 잘 지내는 게 뭐란 말인가? 회사 사람들과 어떻게 지내야 적절히 잘 지내는 걸까?'

D는 팀원들에게 바라는 관계에 대해 최초로 생각을 시작했다. 어느 정도 팀원들이랑 가까워지면 좋겠다는 마음도 살짝 들었다. 관건은 가까워지면서도 불편하진 않았으면 좋겠다는 것이었다. 하지만 그것이 가능하지 않을 거라는 전제가 강하게 있었다. 친해지면 꼭 불편해지는 일이 생겼던 과거 경험 때문이다. 대학에 가서도 불편해진 관계가 꽤 있다 보니 피곤해졌다. 그럴 때 D는 어떻게 해야 할지 모르겠어서 불편해진 관계는 피해버렸다. 그리고 여전히 불편함이 없는 관계를 원하고 있었다.

D는 지금까지 살아오면서 경험한 관계 중에 불편함이 없는 관계가 있었을까? 한참을 생각해도 떠오르지 않았다. 온통 불편한 관계였고, 그중에서 가장 불편한 관계는 아버지였다. 아버지와는 한 공간에서 숨 쉬는 것 자체가 힘들었다. 거기까지 생각이 닿으니 사람이 싫어 피한 게 아니라, 불편한 공기 자체를 피하고 싶었던 것일 수 있겠다는 잠정 결론을 내렸다.

불편한 감정 자체가 너무 힘들었기에 거리두기를 택했다. 어쩌면 관계 자체를 피하고 싶은 게 진짜 마음이 아닐 수도 있겠다는 생각이 들었다.

자동적인 선긋기는 멈춰야 할 때

D가 보이는 특징은 인지심리학에서 말하는 '단절 및 거절 영역disconnection and rejection'[31]의 심리도식으로 설명할 수 있다. 이러한 도식을 가진 사람들은 타인과의 상호작용에서 안정감을 느끼기 어렵다. 따라서 관계에서의 만족감도 낮다. 누군가와 함께 있을 때 불안전감을 느낀다. 자신의 진정한 모습을 드러내기를 피하려 한다. 회피형 성격을 가진 사람들에게 많이 나타나는 심리도식이다.

그런데 회피형 성격을 갖고 있더라도 내면에는 친밀한 관계에 대한 강렬한 소망을 지니고 있다. 친밀함 자체를 거부하는 것이 아니다. 단지 거절에 대한 두려움도 동시에 있는 모순적인 감정을 지니고 있는 것이다.

결론적으로는 사람들과 '거리두기'를 택하며 인간관계를 최소화한다. 거리감이 안정감을 주는 대신, 친밀감은 적극적으로 억압하는 전략을 취한다. 어차피 상처받을 거라면 애초에 상처받을 환경 자체를 차단하며, 이로 인한 고립감을 대가로 지불한다. D의 특징 중에 나타나는 '단절 및 거절 도식'을 가진 사람들은 관계에서 바라는 안전, 안정감, 공감,

수용, 존중 등에 대한 욕구가 자신이 예상한 대로 충족되지 않을 것이라고 단정 지으며 사람들에게 선을 긋는다.

그러다 D는 다른 결의 생각이 들기 시작했다. 사실은 자신도 누군가에게 다가가본 적이 없었다는 걸 알게 되고부터 조금씩 생각이 변하기 시작한 것이다.

D에겐 큰 발견이었다. 그렇게 D는 사람들로부터 거부당하기 싫어서 스스로 그들을 거부했다는 걸 알게 됐다. 지금까지 D는 사람들에게 자신을 드러내지 못했다. 자신의 진짜 모습을 드러내면 사람들이 나를 더 싫어할 것 같았다. 그땐 가만히 있는 게 자신의 결함을 드러내지 않는(자신을 지키는) 방법이라 착각했다. 자신을 보여주지 않으면서, 먼저 마음을 열고 다가오라고 기대한 것 자체가 관계가 만들어지기 어렵게 만드는 핵심이었다. D는 그렇게 사람들의 마음을 알지도 못하는 상태에서 사람들이 미워져 혼자를 택했다. 혼자를 반복하다 보니 혼자에 익숙해졌다. 그런데 혼자가 늘 좋은 건 아니었다. 세상에 단 한 명쯤은 내 편이 있기를 바랐다. 어차피 인생은 혼자라고 생각하면서도 또 다른 극단의 마음엔 혼자는 싫다고 말하는 소리가 커졌다. 본격적으로 변화해보기로 했다.

D는 사람들과의 관계가 불편하니 사람들의 인정은 포기하자 생각하며 살아왔다. 그저 능력으로 보여주면 된다, 그 정도로 만족하자 생각했다. 그러면서 충족되지 않은 인정 욕구는 애써 무시하며 살아왔다. 그런데 진짜 문제는 그 인정 욕구를 포기한 데 있다. 포기할 것이 아니라, 원인을 바로잡으면 자연스럽게 충족할 방법이 생긴다. 인정을 포기하는 것은 또 다른 회피다. 문제 해결을 회피하고 있기 때문이다.

회피형 성격과 인정 욕구가 나를 파괴하는 과정

✦

회피형 성격을 묘사할 때 자신에 대한 부적절감을 가진 경우가 많다. 혼자만 아는 성격이기에 겉으로 봤을 땐 눈치채기 어렵다. 그렇지만 속으로는 자기에 대한 자신감이 부족한 경우가 많다. 혼자만 아는 심리적 불편감이 클 수 있다. 뭔가 자기 자신에게 결함이 있는 것 같다. 그래서 사람들과 있을 때 더욱 더 자신을 드러내기가 어렵다. 왠지 더 가까워졌다간 끝이 안 좋을 수도 있다는 막연한(혹은 확신에 찬) 두려움이 가로막기 때문이다.

(누군가와 친밀해지고 싶지만) '역시 혼자가 안전해.'

이렇게 생각하면서 사람들과 최대한 거리감을 유지하며 살아간다. 그 누구도 믿지 않으며 살아가는 D의 일상을 살펴보면 다음의 세 가지 심리 특징이 나타난다.

세상에 믿을 사람은 하나도 없다고 믿는다

"세상에 믿을 사람은 하나도 없어. 믿을 건 오직 나 자신뿐!"이라고 생각한다. 지금까지 아무리 힘든 일이 있어도 혼자 고민하고 해결해왔다. 아무리 힘든 상황이라도 사람들과 함께 있을 땐 늘 여유 있는 미소를 지으며, 속내를 들키지 않으려고 애쓴다. 이런 D는 어릴 적부터 아버지로부터 다음과 같은 말도 듣고 자랐다.

'아무도 믿지 마! 너 스스로가 너를 지켜야 해!'

아버지의 말을 절대적으로 귀담아듣고, 그것이 참이라 여겼다. 그렇게 아버지 말대로 살면 아버지의 인정을 받을 수 있을 거라 무의식적으로 생각하면서. 그리고 아버지의 생각을 내사한 결과, 현재까지의 관계에서 문제가 되고 있었다.

진솔한 관계를 단 한 번도 경험하지 못한 D에게는 큰 구멍이 있는 듯했다.

힘들 때 도움을 요청하는 행동은 보편타당한 행동이다. 타인의 도움을 통해 문제를 해결할 수 있으면 애쓰지 않아도 된다. 어린아이는 묻고 따지지도 않고 부모에게 도움을 요청한다. 그것이 가능한 이유는 '엄마가(아빠가) 날 도와줄 거야'라는 굳건한 믿음이 있어서다. 도움을 요청하면 도움을 주었다는 경험치가 도움을 또 다시 요청할 수 있는 힘이 되어준다.

그런데 많은 사람이 힘들 때 도움을 요청하기 힘들어 한다. 심리적인 어려움을 겪고 있는 대다수의 사람도 상담이나 심리치료의 도움을 받는 것을 꺼려하는 것처럼 말이다. 감정을 드러내면 안 된다는 사회적 분위기 아래에서 자랐다면 힘들수록 혼자 해결해야 한다고 생각하며 더욱 고립된다. 선택지가 없다고 여기기 때문이다. D처럼 스스로를 지켜야 하는 것이 마땅한 일이라고 생각하며 사는 사람이 참으로 많다.

관계 맺기가 불편한 감정으로 이어진다

두 번째 특징으로 D는 사람들과 있을 땐 소외감을 느끼고, 혼자 있을 땐 외로움을 느낀다. 공적인 대화처럼 이야기의 주제가 명확할 때를 제외하고는 늘 겉도는 느낌이 들어 그 자리를 빨리 떠난다. 그리고 언젠가부터 사적으로 친목을 도모하는 모임은 참여하지 않는다. 불필요하고 불편하다는 생각이 들어서다.

D처럼 습관적으로 사람들과의 자리를 피하는 사람들은 불편한 감정까지 피하느라 애써왔을 수 있다. 사실은 사람들이 불편했던 게 아니라 자신의 감정이 불편했던 것이다. 그리고 이젠 자신의 감정은 더 이상 피할 수도, 속일 수도 없는 것이라는 것을 알게 되었다. 감정은 억누른다고 없어지지 않기 때문이다. 이젠 그 불편함 감정과도 만나야 할 때라고 스스로에게 말해줄 때다.

'이 불편한 감정 또한 내 것이다.'

습관적으로 선을 긋는다

세 번째로 D는 선을 확실하게 지켜왔다. D는 자신이 그어 놓은 선을 넘는 사람에게 바로 밀어내는 액션을 취했다. 지나친 친밀감이 부적절하다고 느꼈기 때문에 밀어내는 강박 행동이 따라왔다. 유독 눈치 없는 사람들은 자신이 밀어내는 행동을 알아차리지 못하고 계속 다가오는데, 그럴 땐 괴로움을 느끼곤 했다.

더 가까워지고 싶지 않은데 그는 도대체 무슨 의도로 자신에게 다가오는 것인가? 당황스러웠다. 특히 회사 생활을 하면서 이런 경험이 시작되었다. 이제는 반사적으로 사람들이 모이면 자리를 피한다. 명확하게 주고받을 게 분명한 관계가 가장 자유롭고 안전하다고 느낀다. 그래서 회사 사람들과의 관계를 더 발전시키는 게 두렵다. 이 안전한 관계가 무너질 것 같아서 여전히 습관적으로 선을 긋는다.

D의 이런 선긋기 행동은 회피형의 성격에서 자주 나타나는 행동억제 기능의 과도함으로 설명할 수 있다. 기질적으로 위험회피가 높은 경우와 더불어, 아동기에 축적된 모욕, 당황, 가치절하 등과 같은 경험이 결합해 성인이 되어서도

행동을 억제하도록 영향을 미친다. 특히 사회적인 상황에서 누군가와 불편해질까 봐, 혹시라도 자신을 비난하거나 거절 혹은 무시할까 봐 과민하게 된다. 겉으로 보이는 모습 이면에는 사회적 상황에서의 부적절감 혹은 두려움이 존재하는 것이다. D는 진지하게 생각해보았다.

'이렇게 힘들 때 털어놓을 사람이 한 명도 없는 건 잘못된 거 아닐까?'

D는 타인으로부터 인정받는 것이 좋지만, 한편으로는 과도한 관심은 부담스럽다. D가 조금 더 편안하게 살 수 있는 삶을 위해 필요한 인정의 모양은 어떤 것일까? D의 인정 욕구를 보다 건강하게 충족시키며 살기 위한 변화 과정을 소개한다.

거부에 대한 두려움으로부터 벗어나는 법

심리학에서 고독은 타인과 원하는 수준의 친밀한 관계 형성에 실패할 때 경험하는 편치 않은 정서적 반응[32]으로 정의한다. 친해지고 싶은 사람과 원하는 만큼 친밀감을 느낄 수 있는가의 여부는 누구에게나 중요하다. 내가 인정받고자 하는 욕구 또한 타인이 필요하기 때문이다. 거부당할까봐, 혹은 나를 좋아한다는 확신이 없어서 늘 선을 그어왔다면 내가 가진 잠재력 또한 관계에서 빛날 수 없다. 그럴 땐 다음의 다섯 가지 단계로 풀어가자.

첫 번째 단계,
절대명제를 점검한다

D가 가지고 있던 절대명제는 "세상에 믿을 사람은 하나도 없어. 믿을 건 오직 나 자신뿐!"이었다. 자신도 모르게 아버지로부터 들었던 이야기를 간직하고 살아왔다. 그토록 싫어하던 아버지의 말에 따라 살아왔다는 걸 깨달은 D는 충격에 휩싸였다. 그리고는 생각해보았다.

'내가 그렇게 절대적으로 따랐던 그 생각이 과연 사실일까?'
'세상엔 정말로 믿을 사람이 단 한 명도 없는 걸까?'
'아닐 가능성도 탐색해봐야 하는 것 아닐까?'

D는 살면서 최초로 자신이 갖고 있던 절대명제를 점검하기로 했다. 지금 나에겐 이 절대명제가 해롭다는 것을 스스로에게 설득하기로 한 것이다. 어쩌면 회사 사람들과도 친하면서도 편안한 관계가 가능하지 않을까? 그렇게 된다면 회사 생활이 더 나에게 유리하게 만들어질 수 있지 않을까? 관계를 하지 못하면서 더 많은 인정을 바라기엔 한계가 명확해 보였다.

두 번째 단계,
마음을 열었던 사람과의 관계를 떠올려본다

D는 지금까지 살면서 아버지를 좋아한 순간이 단 한 번도 없다고 했지만 사실 아주 어릴 적, 다섯 살 즈음 아버지와의 따듯한 기억이 남아있었다. 아버지가 D를 향해 웃는 눈빛, 자신감에 넘치던 일하는 아버지의 모습이 떠올랐다. 그런 아버지가 멋지다고 생각하며 마음을 활짝 열고 있던 다섯 살의 자신이 떠올랐다. 도대체 무슨 일이 있었기에 나는 아버지를 미워하게 된 걸까? 슬펐다. D는 문장완성검사에 아래와 같이 적었다.

내 생각에 아버지는 자기 말만 한다.

대개 아버지들이란 자식을 존중할 줄 모른다.

내가 바라기에 아버지는 우리를 더 믿을 필요가 있다.

아버지와 나는 가면을 쓰고 지낸다.

검사를 하면서 여전히 아버지에게 바라는 것이 있다는 사실을 알게 되었다. 아버지의 비난이 두려운 마음과는 별개로, 아버지가 좀 더 나에게 관대하게 대해주기를 바라는 마음을 발견했다. 잘 지내고 싶지만 자신만의 방식으로 아들을 대하는 아버지를 보며 D 또한 자신만의 거리를 설정해나갔다. 가까워지고 싶을 때마다 가까워지고 싶은 마음을 적극적으로 억압하면서 살아온 나를 객관적으로 바라보기로 했다.

중요한 건 그렇게 만들어진 아버지와의 심리적 거리감이 다른 관계에서도 적용되고 있다는 사실이었다. 그 누구와도 가까워질 수 없었던 관계 패턴은 아버지로부터 받은 상처와 긴밀하게 연결되어 있었다. 관계의 불편감을 떠올리면 아버지에게 들었던 말이 늘 귓가에 맴돌았기 때문이다. 이제 D가 할 수 있는 건, 아버지와의 거리감과 다른 관계에서의 거리감을 동일시하지 않는 것이다. 아버지는 모든 인간을 대표하지 않는다는 것을 의식적으로 되뇌이는 것부터가 시작이다.

세 번째 단계,
지난 관계에서 받았던 상처를 정리한다

D가 아버지로부터 받은 상처를 해결하기 위해서 할 수 있는 것들로는 무엇이 있을까? 바로 상처받은 그때의 상황을

이제서라도 이해해보는 작업이다.

'아버지는 언제부터 나에게 차가워졌을까?'

'그렇게 따듯하던 아버지의 눈빛은 왜 바뀐 걸까?'

'도대체 아버지에게는 어떤 일이 있었던 걸까?'

아버지의 따뜻한 눈빛이 기억나는 그날의 D는 다섯 살이었다. 다섯 살 이후, 지금이 되기까지 아버지의 삶이 어땠을지 조망해보기로 했다. 그때 D의 아버지는 가장 위풍당당한 시절을 지나는 중이었다. 아버지와 새 차 앞에서 찍은 기억이 있다. 하얀색 차였는데 아버지가 엄청 기뻐하시면서 차를 D에게 보여주며 사진도 한 장 찍었다. 이제부터 우리가 타고 다닐 차라며, 한번 타보라고 D를 태우고 동네 한 바퀴를 돌면서 신났던 기억도 떠올랐다.

그때의 기억이 떠오르면서 슬펐다. 여전히 또렷하게 기억에 남아있지만, 그때랑 지금은 너무 차이가 크다는 걸 실감했기 때문이다. 다정했던 두 사람은 이제 없다. 지금은 서로 말 한마디도 섞지 않을 만큼 멀어졌다. 한집에 살면서 같은 공간에 있기조차 불편한 관계는 최악이다. 드디어 슬프고 씁쓸한 감정을 만났다. D가 그가 남긴 가족에 대한 마음은 다음과 같았다.

우리 가족은 괜찮은 척하느라 애쓴다.

우리 가족은 나에 대해서 잘 모른다.

내가 어렸을 때 우리 가족은 아버지의 눈치를 보며 살았다.

D가 작성한 글에는 가족 간에 서로 솔직하지 못함을 의식하는 D의 마음이 고스란히 담겨 있다. 만약 그 정도의 거리감이 '괜찮았다'면 D는 거리감을 의식하지 않았을 것이다.

그런데 D는 괜찮지 않았다고 했다. 괜찮은 척 애쓰는 게 불편했고, 나에 대해 잘 모르는 가족이 괜찮지 않았으며, 무엇보다도 아버지의 눈치를 보며 살았던 시간들이 싫었다. 그런 자신의 마음을 알아주기로 했다. 괜찮지 않았는데 괜찮은 척 애썼구나, 그 자체를 알아차려주니 마음이 조금씩 괜찮아졌다.

네 번째 단계, 불편한 감정을 피하지 않는다

그동안 D는 긍정 정서가 아닌 모든 불편한 정서는 적극적으로 억압했다. 집에서조차, 가족과 연인에게조차 부정적인 마음을 들키면 안 된다고 생각했다. 그러나 자연스럽게 드는 감정들이 모두 긍정적일 순 없다는 걸 알아가면서, 그동안 억압했던 부정 정서에 대해서도 살펴보았다.

D는 남에게 긍정적인 면만 보여지기를 원했다. 슬픔이나 괴로운 정서는 없애려고 노력했지만 없어지지 않았다. 오히려 그 감정들은 D가 괴로워하는 마음을 대변하는 마음이었다. 그리고 그렇게 피했던 감정을 바라보니 생각보다 큰일 나지 않았다. 슬프고 외롭고 괴롭긴 했지만 죽을 만큼은 아니라는 걸 확인했다.

지금까지 불편한 감정을 그 누구에게도 꺼낼 수 없었다면 깊은 관계가 없다는 건 자연스러운 결과였다. 그동안 왜 자신이 깊이 있는 관계를 두려워했는지 조금씩 이해가 갔다. 중요한 건, 이제는 조금 더 깊은 관계를 해보고 싶은 마음이 생겼다는 것이다.

(그동안) D가 허락했던 긍정 정서	(그동안) D가 억압했던 부정 정서
밝은	슬픈
유쾌한	외로운
긍정적인	괴로운

다섯 번째 단계,
긍정적 경험일지를 작성한다

조금 더 깊은 관계를 해본다는 의미는 이전과는 다른, 새로운 경험을 기꺼이 하기로 결심했다는 의미다. 그리고 새로운 경험을 하다 보면 긍정적인 경험도 생길 것이다. 그때 기록을 해보면 내 안에 새로운 회로를 만들 수 있다. 이는 인지치료에서 제시한 '긍정적 경험일지positive experience log'라고 부른다. 사회적 상호작용에서 새로운 믿음을 지지하는 증거를 기록하는 연습으로 연구를 통해 효과가 검증된 방법이다.

관계에서 예전처럼 비판적이거나 거부적인 믿음(예를 들어, '깊은 관계는 피곤해!')이 활성화될 때, 이 일지를 보면서 예전으로 돌아가지 않게 마음을 다잡을 수 있었다.

이미 D는 자신의 관계 패턴을 인식했다. 이제 조금 더 깊

긍정적 경험일지 예시

긍정적 경험일지	
예전 신념	혼자가 편해. 관계가 깊어지는 건 위험해.
새로운 신념	함께해도 좋은 관계는 가능해. 나를 드러내도 모두가 날 싫어하진 않아.
새로운 신념을 지지하는 긍정적 증거 경험 목록	
① 22.10.XX. 예전 같으면 피했을 모임에 갔는데 생각보다 사람들이 나에게 친절했어. ② 22.11.XX. 사람들이 내 사생활을 물어볼 때 별로 말하고 싶지 않다고 했더니 생각보다 대수롭지 않게 넘어갔어. 내가 내 생각을 표현해도 사람들이 날 싫어하지 않는 것 같았어. ③ …	

은 관계를 바라고 있다는 마음까지 만났다. 그것이 내가 이 세상에서 나로서 인정받으며 더 힘 있게 살아갈 방법이다. 그동안 지녀왔던 회피적인 관계 패턴에 변화가 시작되었다. 예전과는 다른 행동을 해본다면 관계에서의 행동억제는 조금씩 풀린다. 그러다 보면 점점 더 누군가와의 친밀감과 유

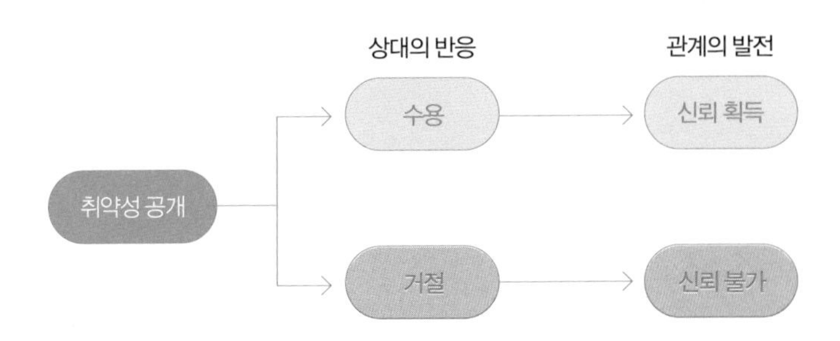

대감을 나눌 수 있는 관계가 생긴다.

그런데 주의할 점이 있다. 늘 긍정적인 경험이 따라오지 않는다는 사실을 기억해야 한다. 새로운 경험을 하려면 그동안 숨겨왔던 나의 '취약성'을 공개할 수밖에 없을지도 모른다. 그럴 때 아래를 기억해보자.

내가 나의 취약성을 공개했을 때 상대방의 반응은 크게 두 가지로 나타난다. 상대방이 나의 취약성을 받아들인다면 "난 결점이라고 생각하지 않아" 혹은 "네가 그런 결점을 가지고 있어도 괜찮아"라고 이야기할 것이다. 이럴 때 관계는 신뢰를 획득하며 더 깊은 관계로 발전할 수 있다.

그러나 상대방이 나의 취약성을 받아들이지 못할 경우 "그런 결점을 가진 널 수용하긴 어렵겠다"라는 반응을 보일

것이다. 이럴 때는 슬프지만 관계는 거기까지다. 중요한 건
내가 모험을 감수하면서 새로운 패턴을 시도해보는 것이다.

3부

인정받는 삶을 위한 다섯 단계

인정 욕구를 버리지 않고도 편안해지다

2부 속 4명은 자신이 힘들다는 사실을 세상에 꽁꽁 숨겼다. 누군가가 자신의 고통을 알까 봐 두려운 마음으로 가득했다. 4명은 그럼에도 불구하고 자신의 마음을 깊이 들여다보기로 선택했다. 변화가 시작된 것이다. 3부에서는 본격적으로 내 안의 인정 욕구와 함께 살아가는 삶을 구체적으로 그려본다. 변화는 쉽지 않다. 하지만 스트레스를 체계적으로 관리한다면 우리는 보다 건강하게 나를 바꿀 수 있다. 첫 번째 단계는 진실한 공감받기로 시작한다. SNS에서 받는 '좋아요'로는 대체할 수 없는 공감이 우리에겐 필요하다는 이야기부터 시작한다. 지금까지 살아오면서 만들어진 상처받은 마음을 치유해야 다음으로 나아갈 행동이 나올 수 있다.
다음으로는 건강한 삶을 위한 행동을 구체적으로 구현하기 위해 다른 삶을 그려보고, 변화에 수반되는 스트레스를 관리하며, 바뀐 내 모습에 익숙해지는 작업까지 함께하면서 이 책을 마무리한다. 당신의 마음에 인정 욕구에 대한 건강한 이미지가 자리 잡았다면, 그래서 이 책에서 함께 해볼 연습들이 실질적으로 당신의 삶에서 숨 쉴 수 있다면 글쓴이로서 더할 나위 없는 기쁨일 것이다.

7장

상처받은 마음을 치유하기

행동 변화의 단계 모델 사용법

4명이 변화하는 과정에서 공통적으로 배우게 된 건 다음과 같다. 우선 감정 밑에는 욕구가 있다는 것, 그리고 욕구는 충족되기를 원한다는 사실이다. 공통적으로 괴로워하던 욕구는 인정 욕구의 불충족이었는데, 스스로 충족할 수 있는 게 있고, 타인이 필요한 게 있다는 점도 알게 되었다.

또한 타인의 인정이 충족되지 않는데 그것을 내가 대체할 수 있진 않다는 걸 깨달았다. 타인의 인정이 오지 않는다 해서, 내가 나를 인정하자는 건 근본적인 솔루션이 아니었다. 인정을 필요로 하는 인간에게 결국 타인의 인정은 필요하다. 그것을 누구로부터 어떻게 충족하는가? 적합한 대상과 방법의 문제였다.

변화의 단계

행동 변화의 단계 모델TTM: Transtheoretical Model, 범이론적 모델에 따르면 인간의 행동 변화에는 다음의 다섯 단계가 존재한다.

실행보다 중요한 것은 변화에 필요한 '동기motivation'를 관리하는 것이다. 그래야 지치지 않고 변화를 만들어낼 수 있다. 다시 말해 행동 변화의 동력인 동기를 활성화하고, 유지하는 것이 바로 관리에 필수 작업이다. 내가 원하는 변화의 모양에 대해 진지하게 생각해보고, 이를 위해 필요한 행동이 무엇인지에 대해서 전략적으로 접근하는 방식이 필요하다는 것임을 기억해야 한다.

변화는 행동한다고 한 순간에 완성되는 것이 아니라, 단계를 거치는 일련의 과정이다. TTM 모델에 따르면, 인간의 '행동 변화'에는 다음의 다섯 단계가 존재한다. 1~5단계까지 순차적으로만 가는 것도 아니고, 앞 단계로 퇴행했다 다음 단계로 복귀하기도 한다. 4단계까지 갔다가 다시 3단계

(1) 계획 전 단계

- 변화가 필요함을 인지하지 못하고 있는 단계
- 변화에 필요한 동기가 없거나 인식하지 못하는 단계

(2) 계획 단계

- 현재 상태에 불편함을 느끼고 변화가 필요함을 인식하기 시작하는 단계
- 가능한 변화에 대해 생각을 시작하는 단계

(3) 준비 단계

- 변화하겠다는 동기가 증가하는 단계
- 내가 변화하고자 하는 모습을 구체적으로 탐색하는 단계

(4) 실행 단계

- 변화를 위한 행동이 나타나는 단계
- 변화에 수반되는 스트레스의 관리가 필요한 단계
- 변화하고 있는 자기에 대해 다시 정의를 내려보는 단계

(5) 유지 단계

- 변화를 통해 얻게 된 환경, 사람과의 관계를 만들어가는 단계
- 변화한 자기에게 익숙해지는 단계

로 내려오기도 함을 기억하면서 인정받는 나로 살기 위한 최소한의 심리 작업을 함께 시작해보자.

첫 번째 단계,
진실한 공감 받기

✦

(1) 계획 전 단계
- 변화가 필요함을 인지하지 못하고 있는 단계
- 변화에 필요한 동기가 없거나 인식하지 못하는 단계

공감에 대해 사회적 관심이 증가하고 있어 반갑다. 나종호 작가는 공감에 대한 이야기를 담아《뉴욕 정신과 의사의 사람 도서관》(나종호 지음, 아몬드, 2022년)을 펴냈다. 그는 그의 브런치에 '우리가 서로에게 책이 될 수 있다면'이라는 제목으로 글을 올렸다. 그 글에서 공감에 대해 다음과 같이 언급했다.

> 공감에는 감정이입을 하는 능력인 '정서적 공감'과 의지가 필요한 '인지적 공감'이 있다.

이렇게 공감을 나눈 것은 우리는 공통점 하나 없어 보이는 영화 속 주인공에게도 감정 이입하며 울고 웃을 수 있는(정서적 공감) 반면, 의지가 결여되었을 땐 우리와 비슷한 타인조차 공감하지 못한다(인지적 공감의 실패)는 점을 꼬집은 것이다.

우리는 공감할 수 있는 능력을 타고났지만, 그것 또한 우리가 공감하고자 할 때 발현될 수 있다. 의지의 영역이라는 것이다. 이를 타인의 입장에서 생각해보면 '그 사람이 나를 공감할 것인가?'는 그 사람이 가진 의지의 영역이다. 따라서 내가 공감받고 싶은 그 사람이 나를 공감해주지 않는 것은 그 사람이 선택할 영역이라는 것이다. 그래서 우리는 많은 경우, 공감받고 싶은 사람에게 공감받지 못함으로 인해 상처를 받는다. 내가 어쩔 수 없는 영역의 일이라 더 안타깝기도 하다.

그럼에도 불구하고 우리에겐 공감받는 순간이 필요하다. 맺힌 감정은 사라지지 않기 때문이다. 상처를 많이 받은 사람일수록 공감받기를 포기하지 않았으면 한다.

공감은 힘이 있다. 이 세상에 단 한 사람으로부터 받는 진실한 공감은 우리 마음의 상처를 녹여줄 뿐만 아니라, 내가 나로서 살아갈 수 있는 동력을 마련해준다. 우리에겐 사람이 필요하다. 더군다나 변화하고자 한다면 더욱 그렇다. 변화가 필요함을 인지하지 못하고 있거나, 변화에 필요한 동기 자체를 인식하지 못하는 단계에 있다면 아직은 더 많은 준비가 필요하다. 타인으로부터 받는 진실한 공감이 그 준비를 도와줄 수 있다.

진심을 남에게
털어놓는 것부터 어렵다

인정 욕구가 충족되는 삶으로 나아가기 위해서는 나의 마음을 있는 그대로 공감받는 경험이 필요하다. 그런데 참으로 쉬운 일이 아니다. 실제 삶에서 필요한 공감을 받으며 살아가는 사람은 많지 않다. 남몰래 자신의 아픔을 숨기며 살아가는 사람도 많다.

'이런 내 마음을 남들에게 말해도 절대 공감 못할 텐데….'

마음이 아프다는 사람들에게 원하는 것에 대해 물어보면 공감받고 싶다고 얘기하는 경우가 많다. 실제로 나의 아픔을 공감해주는 사람이 단 한 명이라도 있다면 그 힘을 통해 아픔이 치유되고 성장으로 나아갈 수 있다. 그래서 전문적인 심리상담의 핵심 작업에는 '공감'이 필수적이다. 세상에 털어놓지 못한 이야기를 상담자에게 털어놓는 것부터가 심리상담의 시작이다.

심리상담은 상담을 하게 된 배경, 즉 '현재 내가 무엇이 힘든지'를 이야기하면서 시작한다. 그런 이야기를 굳이 상담실까지 찾아와서 비용을 내고 하는 이유는 무엇일까? 주변에 내 이야기를 할 수 있는 사람이 없기 때문이다. 가까운 사람에게 털어놓고 공감받을 수 있었다면 상담실에 오기 전에 문제를 해결할 수 있는 힘이 충전되었을 것이다.

'공감하는 능력'에 대해서는 많은 정보가 나와 있다. 그런데 '공감받는 능력'에 대해서는 많이 얘기하지 않고 있다. 공감을 못 받고 있다는 것은 단순히 주변에 사람이 없어서 불가능한 것이 아니다. 곁에 사람이 있고, 심지어 친구가 많아 보이는 사람이라고 힘든 속내까지 털어놓을 수 있는가는 다른 차원의 이야기다. 관계의 깊이에 따라 나눌 수 있는 이야기가 구분되기 때문이다. 예를 들어 함께 술 마시고 카페를 가거나 캠핑을 가서 며칠을 보낼 수 있는 사이라 할지라도 그 시간 동안 내면의 이야기를 어느 정도로 공개할 것인가는 관계마다 천차만별이다. '오늘 날씨가 좋네~', '여기 술이 괜찮네' 등과 같은 피상적인 수준의 이야기로도 몇 날 며칠을 함께하는 건 가능하다.

실제 상담을 찾는 많은 사람이 친구들은 많으나 그들과 나누지 않는 이야기를 하러 온다. 심지어 믿고 의지하거나 편한 사람이 한두 명쯤은 있음에도 불구하고 여전히 마음이 해소되지 않는 사람도 많다. 즉, 정확한 공감이 이루어지지 않는 순간의 답답함을 느낄 때가 누구에게나 찾아올 수 있다. 여전히 우리에게 털어놓기는 쉽지 않은 과제다. 그러나 털어놓기부터가 공감받기의 시작이다.

공감받기가 필요한 이유

공감을 받으면 잠시 멈춰 서서 나를 바라볼 수 있는 마음의 여유가 생긴다. 나의 힘듦을 공감받는 시간을 체험하게 되면 내 마음은 점점 더 가벼워진다.

반면 "그런 상황에서는 네가 이렇게 했어야지"라며 충고하거나 "나라면 이렇게 했을 거야"라고 조언하는 것은 감정 해소에 도움이 되지 않는다. 게다가 상대방은 내가 아니기 때문에 나와 똑같은 방식으로 문제 해결을 할 수 있는 것은 아니다. 진짜 문제 해결은 스스로 할 수밖에 없다.

공감받기의 목적은 묵은 감정의 해소다. 세상에 꺼내놓고 털어내고 공감받는 시간을 통해 묵은 감정을 해소할 수 있다면, 문제 해결은 스스로 할 수 있다. 조언이나 충고는 내 입장에서 상대방의 입장을 추정해서 하는 것이기 때문에 쉽게 할 수 있다. 반면 공감은 내 입장을 내려놓고 상대방의 입장이 되어봄으로써 할 수 있는 것이기 때문에 훨씬 더 어렵다. 많은 사람들이 어떻게 공감하는지 제대로 배워본 적도 없기에 많은 경우 공감에 서툴다.

그렇기 때문에 나로 인정받으며 살기 위해서는 자신의 입장에서 용이한 조언이나 충고를 하는 사람보다는, 입장을 바꾸어서 진짜 내 입장이 되어 나의 어려움과 괴로움에 공감이 '가능한' 사람을 찾는 것이 먼저다. 혹여라도 조언이나 충고를 넘어서 "왜 이렇게 안 했어?", "뭐 별것도 아닌 것을 가지고 그래"라며 판단이나 비난이라도 하는 대상에게 고민을 털어놓는다면 감정의 해소가 이루어지기는커녕 '역시 나는 안 되는구나' '내가 이래서 안 되는구나'와 같이 기존에 갖고 있던 부정적 도식이 강화된다.

내가 계속해서 누군가를 붙잡고 부정적인 감정을 표출하며 넋두리만 하고 있다면, 내가 문제라고 단정 짓기보다는, 털어놓기 과정에서 감정해소가 제대로 안되었기 때문이 아닌지 확인해볼 필요가 있다. 내가 못나거나 이상한 것이 아니라, 정확한 공감이 이루어지지 않았을 가능성이 존재한다는 것부터 인지해보자.

나에게 맞는 적합한 대상 찾기

드라마 〈슬기로운 의사생활〉 시즌2 9화에서는 한 응급의학과 의사(재민)가 구석에서 혼자 속상해하는 장면이 나온다. 자신이 최선을 다해서 치료했던 공을 보호자는 하나도 안 알아주는 데 허무함을 느낀 것이다. 그런 후배 재민을 발견한 선배 광현은 이렇게 말한다.

"환자가 그런 것까지 알 필요가 있을까? 우리가 할 수 있는 최선을 다 하고 덩달아 환자 결과까지 좋으면 우리는 그걸로 할 일 다 한거야. 재민아, 그래도 마음속에 뭔가 섭섭한 게 남아 있다면 내가 알아줄게. (재민이 웃는다) 내가 알아주고 강소예 선생님, 치프 선생님, 희수 선생님이 알아줄 테니까 섭섭한 거 다 풀고 빨리 들어가서 일해, 인마."

나의 고생을 누군가가 알아준다는 건 결국 내가 애쓰고 있음을 이해받고 싶다는 마음일 것이다. 내가 잘났다는 것을 증명하거나 나의 공을 드러내는 것보다 더 중요한 건, 일을 해낸 나 자신의 가치와 존재감을 그 누군가가 알아주는 것이다. 그리고 나를 알아주길 바라는 마음은 지극히 당연하고 자연스런 인정 욕구다. 재민은 선배 광현의 인정을 통해 속상했던 마음이 치유되기 시작했다.

만약에 재민과 광현의 대화가 공감으로 끝나지 않았다면 같은 상황에서도 다른 결과가 나타났을 것이다. 공감해주기 전에 광현의 앞의 대사는 이랬다.

"결과만 좋으면 덩달아 좋은 거지 그게 누구 공인지가 뭐가 중요해. 안 좋은 상황에서 응급 처치 잘 돼서 환자 잘 되면 그걸로

됐고 그걸로 뿌듯하던데, 나는. 우리가 뭘 바라고 환자를 보는 게 아니잖아."

이렇게만 말하고 대화가 끝이 났다면 재민의 속상한 마음은 풀리지 못했을 것이다. '내가 이번에도 인정받으려고 쓸데없는 생각을 했다'며 자책하거나, '의사가 이런 생각을 하면 안 되는데…'라며 자괴감에 빠졌을 수 있다. 그러나 다행히도 선배 광현은 '그래도 섭섭하면 내가 알아줄게'라며 재민의 인정 욕구를 공감해준다. 충분히 속상하고 섭섭할 수 있으니 우리가 알아주겠다고 다독여준다. 이렇게 공감능력을 갖춘 적합한 대상에게 받는 공감은 진정한 인정으로 느껴진다. 따라서 다음의 질문들을 스스로에게 해볼 수 있다.

- 내가 공감받고 싶은 대상은 내가 바라는 형태의 공감을 할 줄 아는 사람인가?

이 질문에 답을 할 수 없다면 내가 받고 싶은 공감을 받을 확률은 현저히 떨어지게 될 것을 예견해야 한다. 자기 이야기를 했을 때 들어주기만 하고, 끄덕끄덕 맞장구만 쳐주는 것에 답답해하는 사람도 많다. 이런 사람들은 듣는 이가 진정으로 자신의 이야기를 정확하게 이해하고 공감해주기를, 더 나아가 공감함을 언어로 표현까지 해주길 바란다. 이토록 자신이 원하는 공감의 형태를 적절한 대상에게 받는 것이 중요하다.

내 마음을 털어놓을 사람이 주변에 없다면

나는 30대 초반에 한 상담자에게 찾아가 상담을 받은 적이 있다. 만만치 않은 상담 비용을 지불하고서라도 상담을 찾을 수밖에 없었던 그때의 난, 나의 어려움을 공감받고 싶었다. 주변에 사람은 많았지만 있는 그대로 털어놓을 사람은 없었다. 그래서 찾아간 상담에서 50분 내내 울었다. 상담자는 그런 내가 마음껏 울 수 있도록 함께했다. 무슨 말을 안 해도 좋으니 하고 싶은 대로 마음껏 울어도 된다고 말하는 것 같았다. 내가 그토록 서럽게 울 수밖에 없는 나의 마음을 이해받는 것 같아 난 그 후로도 수많은 시간을 그저 '울러' 갔다.

돌이켜보면 수많은 이야기를 했던 상담들보다 그때 마음 놓고 울었던 상담이 나에겐 큰 힘이 되었다. 내가 내 마음을 털어놓으면서, 그 마음을 있는 그대로 수용받으면서, 그렇게 공감받음으로써 나는 나 자신을 공감할 수 있었다. '내가 그토록 힘이 들었구나.' 거기서부터 나의 변화는 시작되었다. '나는 조금 덜 힘들고 싶다'는 나의 마음을 따라가기로 했다. 분명 덜 힘든 삶의 방식이 있을 거라고, 그것을 내가 선택할 수 있다고 위로와 응원을 해줄 수 있는 나로 변화하기 시작했다. 신뢰할 수 있는 사람에게 털어놓고 공감받기가 그 출발점이었다.

두 번째 단계,
나의 애착 유형 파악하기

누군가가 당신에게 "내가 보는 나는 어떤 사람인가요?"라고 묻는다면 어떻게 대답할 것인가? '내가 보는 나는 이런 사람이야'라고 얘기할 때, 대체로 나는 좋은 사람(긍정적) 혹은 나는 별로인 사람(부정적)으로 표현하는 경우를 쉽게 볼 수 있다.

"그 사람은 어떤 사람인가요?"라고 묻는 경우에도 마찬가지다. '그 사람은 좋은(혹은 별로인) 사람입니다'라고 표현하곤 한다. 그렇다면 다른 사람이 생각하는 나는 어떨까? 사람들은 나를 좋은 사람(긍정적)이라고 생각할까? 별로인 사람(부정적)이라고 생각할까?

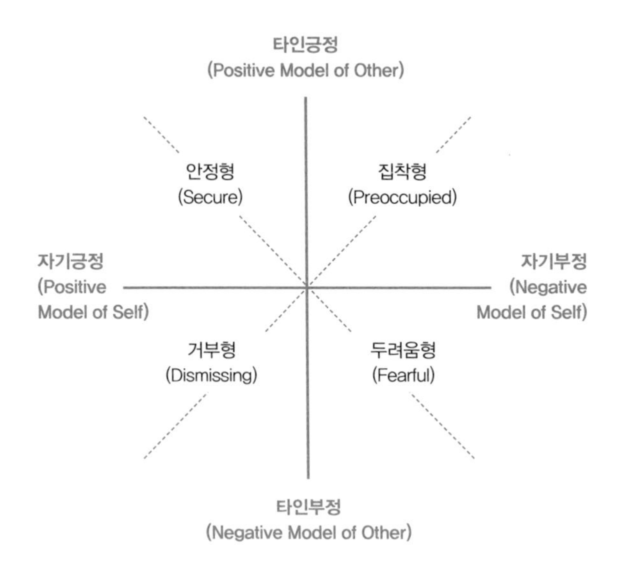

심리학자 바솔로뮤Bartholomew[33]는 볼비Bowlby의 내적작동 모델을 기반으로 '성인 애착' 유형을 2개의 차원과 4개의 범주로 체계화했다. 자기self에 대한 긍정/부정적인 감각, 타인other에 대한 긍정/부정적인 감각을 내면화한 정도를 도식과 같이 구분한 것이다.

이 모델에 따르면, 자기긍정-타인긍정의 경우 '안정형secure', 자기긍정-타인부정의 경우 '거부형dismissing', 자기부정-타인긍정은 '집착형preoccupied', '자기부정-타인부정은 두려움형fearful' 유형으로 묘사한다.

성인 애착 유형으로 보는 타인과 나의 관계

내가 나를 어떻게 보고, 내가 타인을 어떻게 보는지에 따라 관계 유형이 달라진다는 점에 주목해보자. 안정형(자기긍정/타인긍정)의 경우, 타인과의 관계가 비교적 편안하다 느낀다. 혼자서도 괜찮고, 함께 있어도 괜찮은 사람들이 안정형에 해당될 가능성이 높다. 누군가가 거부한다 해도 크게 걱정하지 않는다. 그 사람에게 어떤 사정이 있겠지라고 가볍게 넘길 수 있다.

반면 두려움형(자기부정/타인부정)의 경우, 사람들과 가까워지는 것 자체가 편안하지 않다. 친밀한 관계를 원한다 할지라도 누군가를 완전히 믿거나 의지하는 건 어려운 일이다. 혹여라도 가까워졌다가 상처받을까 봐 무섭다.

자기는 긍정하되 타인은 부정하는 거부형의 경우, 타인과의 친밀한 관계를 맺지 않는 편을 선호한다. 혼자서도 괜찮은 삶을 살아가는 것이 중요한 유형이다. 누군가에게 의지하지도, 누군가가 자신에게 의지하지도 않는 관계 패턴을 편안해한다.

반대로 자기는 부정하면서 타인은 긍정하는 집착형의 경

우 사람들과의 친밀감을 원하지만 사람들은 자신을 원하지 않는다고 느낀다. 친밀한 관계가 있어야 안심하지만 사람들은 자신이 생각하는 만큼 자신을 친밀하거나 소중하게 여기지 않을까 봐 관계에 전전긍긍하는 유형이다.

성인 애착 유형

체크리스트

뒷장에 나오는 문항은 성인 애착 유형[34]을 측정하는 도구의 문항을 참조하여 이 책의 내용과 의도에 맞게 각색한 버전이다. O, X에 체크해보자. A, B, C, D 중 O가 많이 체크된 알파벳이 무엇인지 살펴보자.

당신은 어떠한 유형에 가까운가? 나 자신에 대해 긍정적으로 바라보는 편인가? 혹은 부정적으로 바라보는 편인가? 타인에 대해서는 어떤가?

내가 어떤 관계 유형을 맺고 있는지 알아보는 것이 중요한 이유는 관계에서 나타나는 내 모습을 인식하는 데 도움을 주기 때문이다.

A1.	타인과 쉽게 정서적으로 친해지는 편이다.	O X
A2.	타인에게 편안하게 의지할 수 있다.	O X
B1.	타인과 있을 때 차가워지는 편이다.	O X
B2.	정서적으로 친밀한 관계보다는 혼자 있는 상황이 편하다.	O X
C1.	타인과의 관계를 통제하려 한다.	O X
C2.	타인과 정서적으로 매우 가까워지고 싶어하는 편이다.	O X
D1.	타인과 가까워지는 것이 불편하다.	O X
D2.	누군가를 의지했다가 상처받을까 봐 걱정된다.	O X

또 한가지 중요한 사실은 성인 애착 유형은 변한다는 것이다. 많은 심리학자들의 연구에 따르면, '획득된 안정 애착earned secutiry'은 가능하다. 퀄리티 있는 관계를 경험한다면 '거부형dismissing'이나 '집착형preoccupied', '두려움형fearful'도 '안정형secure'이 될 수 있다는 뜻이다.

내가 나를 잘 알지 못하는 경우도 많다. 그런 경우, 나를 잘 안다고 생각하는 사람과 함께 위의 유형에 대해 생각해 보는 것도 도움이 된다. 가족, 친구, 연인이 바라보는 내가 다 다를 수도 있다. 그 모든 것이 나에 대한 중요한 단서다. 내가 보는 나와 타인이 보는 나와의 간격gap이 클수록 다양한 모습의 나를 갖고 있다는 의미로 해석할 수 있다.

결과

A1	A2	안정형(secure)의 특성
B1	B2	거부형(dismissing)의 특성
C1	C2	집착형(preoccupied)의 특성
D1	D2	두려움형(fearful)의 특성

나의 경우도 안정형이 아니었다. 30대 초반까지의 나를 돌아보면, 가족과 함께 있을 땐 주로 '거부형dismissing'의 모습이 나타나서 정서적인 관계를 맺지 못했다. 그런 내가 연인과 함께 있을 땐 '집착형preoccupied'의 특성이 나타나 과도하게 친밀해지려 했다. 그러다가도 잘 모르는 사람들과 있을 땐 '두려움형fearful'의 특성이 나타나 섣불리 관계에 안착하지 못하고 안절부절못했다.

내가 외면한
불안정한 마음을 알아주기

(2) 계획 단계
- 현재 상태의 불편함을 느끼고 변화가 필요함을 인식하기 시작하는 단계
- 가능한 변화에 대해 생각을 시작하는 단계

안정형이 아닌 나로 살아가다 보면 관계 상황에서 과도하게 불안을 느낀다. 거부형의 경우에도 마음 속 깊은 곳에서는 친밀해지고 싶은데 그러지 못하는 현실에 대한 분노감과 우울, 슬픔 등이 쌓여간다. 그랬던 내가 조금씩 관계에 대한 신뢰감을 쌓으면서 안전감을 획득하는 데 공을 들였다. 불안하게 살아가는 나의 삶이 불편했기 때문이다. 불편감을

감당하기 어려워서 가능한 변화에 대해 생각을 시작했다. 그러다 심리학 논문에서 '획득된 안정 애착'에 대한 연구를 발견한 그때, 마음속으로 뛸 듯이 기뻤다.

'불안정한 나도 변할 수 있다고?! 내가 안정형이 될 수 있다고?!'

그렇게 가능한 변화에 대해 꿈꾸기 시작했다. 지금은 대부분의 관계에서 안정형의 모습이 나타난다. 누군가와 친밀해지는 것을 편안하게 느낀다. 내가 도움이 필요할 땐 도움을 줄 수 있는 사람에게 의지하고 도움을 요청하는 것도 편안해졌다. 혼자 있을 때도 편안할 수 있고, 함께할 땐 즐거울 수 있다. 불편함이 생겼을 땐 불편함을 해결해온 관계들이 생겼다. 그렇게 조금씩 타인과의 관계도, 나와의 관계도 편안해지는 중이다.

이처럼 안정형으로 변할 수 있었던 건 내가 나의 상태에 불편함을 느꼈기 때문이다. 변하지 않고는 견디기 어려울 정도였기에 가능했다.

애쓰는 내 마음 헤아리기

최근 자기계발 콘텐츠에는 자기를 돌보는 것이 중요하다는 데에 합의하는 목소리가 많아지고 있어 반갑다. 그런데 자기돌봄이나 자기사랑을 실천한다고 말하면서도 여전히 공허함을 호소하는 목소리가 많이 들린다. 왜 그토록 노력하면서도 마음은 공허할까? 열심히 하는데도 공허할 땐 어떻게 해야 할까?

자기사랑을 구체적으로 실천하는 방법으로, 스스로에게 긍정적인 말(나는 할 수 있다!)이나 성공을 돕는 확언(나는 부자가 된다!)이 유행이다. 그런데 리추얼을 하는 사람들의 말을 자세히 들어보면 그렇게 열정적으로 어떤 행동을 실천하다가도 힘이 빠지는 마음을 경험하게 된다고 한다. 그럴 땐 그 힘 빠지는 마음에 집중해보아야 한다. 무작정 변화에 뛰어들 것이 아니라, 변화를 만들어낼 수 있도록 나의 불편함부터 헤아리는 것이 먼저다. 그렇지 않다면 노력하는 마음 이면의 불안한 마음은 다음과 같이 소외되고 있을 것이기 때문이다.

'정말 내가 할 수 있을까?'

'이 방법대로 실천하면 정말로 부자가 될 수 있을까?'

'난 안 될 것 같은데…?'

불안한 마음이 들 때마다 부정하고 억압하는 사람들이 많다. 그저 괜찮다고, 잘 될 거라고 나를 억지로 끌고 가는 것이다. 자신도 모르게 부정적인 마음은 나쁘다고 라벨링한다. 그 사이 소외된 감정은 내 안에 축적된다. 쌓인 감정은 귀신처럼 나를 따라다니며 자신의 존재를 알리려 하기에 결국 그 마음을 끝까지 모른척할 순 없게 되며, 언젠가는 터져 나온다. 그렇기에 우리에게 필요한 건 내 안의 소외되고 있는 마음을 헤아려보는 것이다.

(힘들지만) '더 노력하고 싶은 마음이 나에게 있구나.'

(의심이 듦에도 불구하고) '잘 되고 싶은 마음이 나에게 있구나.'

(그만두고 싶지만) '오늘도 애쓰는 마음이 나에게 있구나.'

이렇게 내 마음을 알아주는 과정을 생략해버린다면, 하루의 리추얼도 어느새 의미 없는 노력, 또 다른 실패 경험이 되어버린다. 이는 리추얼이나 리추얼을 하는 내가 잘못된 것이 아니라 오늘도 리추얼을 하며 애쓰는 내 마음을 헤아려주는 과정이 빠졌기 때문을 기억하자. 마음을 알아주는 작업도 노력 못지않게 중요하기에 리추얼과 같은 루틴 행동도 마음돌봄과의 균형이 필요하다. 외면했던 마음까지 헤아려주는 내가 되어갈 때 비로소 리추얼도 본래의 의도대로 작동한다.

'나는 잘 되고 싶지만, 매일 꾸준히 하는 게 힘이 든다.'
'그럼 3일 정도 했으니, 하루 쉬고 내일부터 해보자~'
'3일 하느라 고생했어. 다음엔 어떻게 해볼까?'

자기와 대화하기

자기 자신을 다독이면서도 필요한 노력을 꾸준히 할 수 있을 때, 나 자신에게 필요한 것을 실행할 수 있다. 혹시 성공한 누군가가 하고 있다는 이유로 무언가를 따라하고 있다면 잠시 멈춰보자. 대신 '지금 나에게 필요한 것'을 줄 수 있는 내가 되어보기로 하자. 지금 현재, 나에게 '필요한 것'이 무엇인지를 정확하게 파악하는 능력이 필요하다. 예를 들어 리추얼을 선택할 때에도 단순히 좋다거나 재미있거나 신기해 보여서가 아니라, 이 리추얼을 했을 때 나의 어떤 문제가 해결될 것이라는 판단이 먼저 필요한 것이다. 그 리추얼이 단순히 취미가 아니라, 나의 본질적 성장으로 이어지길 바란다면 말이다.

자기를 거울 보듯 있는 그대로 정확하게 보는 방법으로는 대화를 추천한다. 신뢰하는 사람과의 대화뿐만 아니라, 자기 자신과의 대화도 효과적이다. 잠시 멈춰 내면의 소리를 들어보고, 그 소리에 응답해보는 것이 자신과의 대화다.

'나는 지금 이렇게 생각하고 있구나. 여기에 대해 어떻게 생각해?' 질문해보고, '나는 지금 이런 느낌이군. 이 느낌이 뭘 말하고 있을까?' 자문자답해본다. 이럴 때 또 어디선가 나를 꾸짖는 대사가 나올 수 있다.

'지금 한심하게 그런 생각하고 멍때리고 있을 때가 아닐 텐데?', '빨리 일어나서 영단어 하나라도 더 외워야지 뭐하고 있어?!' 이렇게 나를 또 채찍질하며 달리라고 주문하는 내 안의 나에게 말을 건네 본다.

'그 소린 이제 지겹다. 내가 알아서 할 테니까, 그만 좀 할래?!'

가능하면 단호하고도 다정하게 받아쳐보자. 더 이상 내가 나를 무기력하게 만들지 않도록.

8장

건강한 삶을 위해 행동하기

세 번째 단계,
다른 삶을 그려보기

(3) 준비 단계

- 변화하겠다는 동기가 증가하는 단계
- 내가 변화하고자 하는 모습을 구체적으로 탐색하는 단계

앞서 A, B, C, D가 공통적으로 했던 심리 작업 중에 '덜 불편한 삶'에 대해 생각해보는 장면이 있었다. A의 경우, 특별함에 대한 집착으로부터 벗어나 자신의 매력으로 살아가는 삶을 꿈꾸게 되었다. B의 경우, 언제나 yes를 말하는 것이 아닌 삶, 싫음도 꺼낼 수 있는 삶을 생각해보기 시작했다. 성취에 중독되어 쉬지도 못하던 C는 성취가 전부가 아닌 삶이

가능할지 궁금해졌다. D는 거부에 대한 두려움으로부터 벗어나 조금 더 깊은 관계를 맺어보고 싶어졌다. 대안적 삶을 그려보고 있다면 이미 변화에 대한 준비 단계에 진입했다.

불필요한 인지부터 점검하자

“저는 원래부터 이렇게 살아왔는데…. 바뀔 수 있을까요?”

변화하고 싶은 마음 이면에는 내가 과연 변화할 수 있을까에 대한 의구심이 있다. 그럴만한 게 나의 인생 전체를 놓고 보면 이 모습 이외의 다른 모습을 상상하기 어렵기 때문이다. 그만큼 고착된 특정 행동 패턴과 생각 패턴, 그리고 갖가지 감정까지 공고한 나로 굳어졌다고 생각하는 사람이 많다. 그런데 그들의 마음을 자세히 살펴보면 조금은 수정이 필요해 보이는 생각의 패턴들이 자리 잡고 있다. 나를 무너뜨리는 생각은 의심해봐야 한다. 그 생각들은 지금의 삶을 살아가는 데 도움이 되기는커녕 삶을 방해하고 있다. 그렇다면 그것은 지금 이 시점에서 필요가 없는 생각이다. 폐기하는 게 합리적인 결론이다.

C의 경우에도 ‘피라미드 꼭대기로 올라가야만 해!’라는

생각 패턴은 이제 본인에게 해롭다는 것을 깨닫기 시작했다. 인간에게 '급'을 나누어 평가하는 것도 비합리적이라는 생각이 들었다. 그렇다고 해서 갑자기 현재의 상태에 만족하거나, 승진을 하지 않더라도 괜찮다고 생각하며 살아야 한다는 것이 아니다. '승진하고 싶다', '승진하지 못하면 어쩌지?', '승진에서 누락돼서 서럽다' 등의 감정, 그 이면의 인정 욕구는 여전히 유효하다. 그 자체를 부정할 필요는 어디에도 없다.

성취해서 인정받고 싶은 마음 자체는 자연스러운 욕구다. 그렇기 때문에 자연스럽게 인정받는 것 자체에 몰입하는 데 필요한 생각 패턴만 남겨두고, 해가 되는 급사고, 우월추구 등의 인지cognition를 폐기하는 것이다. C도 대안적 삶을 설정할 능력을 갖고 있다는 것을 스스로 확인해나갈 연습의 시간이 필요할 뿐이다.

오래된 방어기제를 업그레이드하자

불필요한 인지를 점검까진 가능하더라도 한 순간에 폐기하는 건 그렇게 쉽지가 않다. 나도 모르게 장착하고 살아왔던 방어기제가 변화를 막기 위해 존재감을 드러낼 것이다. 이전처럼 살라고 나를 유혹할 것이다. 변화가 쉽지 않은 이유에는 방어기제의 역할이 크게 작용한다. 따라서 우리는 변화에 앞서, 내 안의 방어기제에 대해 알아보고, 오래된 방어기제를 어떻게 업그레이드할 수 있을지 대책이 필요하다.

누구에게나 방어기제는 있다. 살면서 마음의 평정이 깨질 때 불안해지는 마음을 달래기 위한 자아의 노력을 방어기제[35]라고 부른다. 요즘은 방어기제에 대한 관심도 지식도 많아져서 자기가 어떤 방어기제를 사용하고 있는지 어느 정도 파악이 된 사람들도 많다. 대표적으로 그럴듯한 이유를 내세워 실패를 정당화하려는 '합리화', 현실의 위험이 너무 커서 받아들일 수 없을 때 위험 자체를 부정해버리는 '부정' 등이 있다.

생각을 멈추기

조금 더 알아채기 어려운 방어기제로 이면의 열등감을 숨기기 위해 더 높은 사회적 지위를 향해 달리는 C와 같은 경우 주지화를 사용하고 있다. 주지화란 인식하기 두려운 감정과 충동을 억누르기 위해 요모조모로 생각만 하게 만드는 방어기제다. 감정과는 만나지 않으면서 충동으로 인한 불안을 막아버린다. 예를 들어, C는 자신이 피라미드 꼭대기로 올라가지 못할 것에 대한 두려운 감정을 막느라 모든 부정적인 정서를 억누르는 데 에너지를 쏟으며 살아왔다. 억누른 감정은 언젠가는 터지게 되어 있기에 주지화로 억압됐던 무의식적인 불안은 결국 모습을 드러냈다. 방어기제를 업그레이드하기 위해서 가장 먼저 해야 할 것은 머리로 이해하려는 것부터 멈추는 것이다. 문제 상황에서 '나의 감정은 어떠한지' 살펴보는 작업이 우선적으로 이루어진다면, 이해되지 않는 상황을 억지로 이해하면서 심리적 불편감을 억누르는 방식에서 벗어나기 시작한다.

유효성 검증

방어기제는 본래 무의식적으로 자신을 지키기 위해 사용하는 것이기에 자기가 어떠한 방어기제를 사용하고 있다고 '의식화'하는 것 또한 변화를 위해 필요하다. 그만큼 자기인식이 되어가고 있다는 의미다. 그렇게 자신의 방어기제가 인식되었다면 끝이 아니다. 그 다음으로는 그 방어기제가 지금 여전히 유효한지를 살펴보아야 한다. 유효하지 않다면, 오히려 나의 성장을 멈추는 기능을 하고 있다면 이젠 그 오래된 방어기제를 업그레이드할 타이밍인 것이다.

어린 시절부터 사용해 온 미성숙한 방어기제는 습관이 되어 그냥 두면 50대가 되어도 60대가 되어도 그대로 남아있다. 오히려 시간이 흐를수록 더 강력히 나에게 영향을 미칠 수 있다. 계속해서 불편한 상황에 같은 방어기제만 사용하다 보면 내가 직면해야 할 감정을 바라볼 수도, 이를 해결하기 위해 필요한 행동을 하지 않게 된다. 그렇게 나는 늘 하던 대로 살게 되면서 미성숙한 성격으로 고착fixed되는 것이다.

현실에 존재하고 있는 어떤 것을, 내가 보기 싫고, 두렵다고 '없는 셈 친 것'이라는 점부터 인식하고 시작하자. 한결 마음이 가벼워질 것이다. 그렇지만 보기 싫었던 그 마음을 부정하거나 혼내진 말자. 그만큼 무서웠던 내 마음을 내가 알아주자. 그땐 무서워서 그랬지만 이제는 예전처럼 무력하지 않은 내가 여기 존재한다는 걸 인식해보면 좋겠다. 나에겐 그럴 힘이 있다. 우리에게 필요한 건 꾸준한 연습이다. 멀리 보면 가능한 일이다.

자아의 성숙

프로이트가 제안한 성격의 구성 요소는 우리 내면을 이해하는 데 도움이 된다. 앞서 설명한 방어기제와 더불어 인정 욕구를 해치는 심리 메커니즘을 이해하는 데에는 자아ego, 초자아superego, 원초아id로 구조화된 성격으로 나를 바라보는 작업이 도움이 된다. 앞서 설명한 자아가 방어기제의 발동을 일으키는 불안은 본능적 욕구, 즉 원초아에 대항하는 초자아의 위협이 원인이라고 보기 때문이다. 쉬고 싶다고 뭔가를 하고 싶다는 충동을 부르짖는 성격의 가장 본능적인 부분은 원초아다. 우리를 꾸짖는 목소리는 초자아다. 바람직한 사회생활을 하기 위해서 그 사회의 질서체계인 가치, 도덕, 윤리를 내면화한 나다.

원초아와 초자아 사이에서, 혹은 원초아와 자아의 심리적 충돌로 인해 좌충우돌할 때 불안과 같은 심리적 불편감이 생긴다. 이때 자아는 행동대장이다. 이들 간의 충돌을 해결하는 주체다.

예를 들어 통장에 잔고가 바닥인데 어떤 물건을 사고 싶은 경우를 살펴보자.

원초아	당장 사! 질러버려!
초자아	절대로 사지 마. 사면 너 큰일 날 거야.

충동대로 사버리라고 말하는 원초아와 사면 안된다고 주문하는 초자아 간의 균열에서 자아가 선택해야 한다. 이때 필요한 것이 자아의 힘이다. 우리의 자아ego가 행동을 통제하며 반응할 환경의 특징을 선택하고 어떤 본능을 어떤 방법으로 만족시킬 것인지 결정하는 중간자 기능을 잘 할 수 있도록 힘이 필요하다.

약한 자아	(난감해하며) 어쩌지?
힘 있는 자아	자, 통장 잔고를 보자. 이번 달 예산 중에 어떤 항목으로 그것을 살 수 있을까 확인해볼까?

초자아가 너무 강해지면 자아는 중간자로서 행동을 통제할 힘을 상실한다. 많은 사람들이 초자아에 이끌려 다니는 약한 자아의 상태로 살아간다. 심한 경우, 초자아가 자아를 장악하면서 수많은 절대명제가 생성된다. 인생 전반에 걸쳐 반드시 해야 하는 것, 지켜야 하는 것, 의무로 가득한 삶을

살아간다. 인정 욕구가 우리를 해치는 성질로 변질되는 순간이다. 이런 상황에서 어떻게 괜찮을 수 있겠는가?

자아가 제 역할을 하려면 초자아의 압제로부터 벗어나 자아강도ego strength를 키워야 한다. 건강한 삶을 살기 위해 자아에게 자유를 허락해야 한다. 자아가 자유로워질수록 생각의 융통성이 생긴다. 보다 유연하게 삶을 바라볼 수 있는 힘이 생긴다. 새롭고 다양한 모든 것에 열린 마음으로 바라볼 수 있게 된다. 결과적으로 내가 지금까지 설정했던 경로 이외에도 대안적인 삶이 가능함을 알아가게 된다.

대안적 삶을 그리다

한 가지 모양으로 살아오다 보면 그것이 유일한 방법이라고 착각하게 된다. 원래부터 그랬으니까, 그냥 그렇게 사는 것밖에 답이 없다고 무의식 중에 생각한다. 그렇게 생각하는 사람들에게 나는 이렇게 얘기한다. 바로 '원래 그런 것은 없다'는 것이다. '원래'가 아니라, 우리가 언젠가부터 익숙해진 시점이 있다. 그 시작점은 누구에게나 있다. 지금 변화를 원한다면, 지금의 불편감이 느껴진다면 바로 그 시작점을 찾아보자. 나는 애초에 왜 그 방법을 선택했을까? 나만의 이유가 있었고, 그것은 나만이 알고 있다.

나 또한 불안정한 관계를 해오던 나의 시작점을 찾아보는 시간을 가졌다. 나는 왜 그토록 관계에서 나를 드러내지 못했을까? 왜 나는 좋아하는 사람이 생길 때마다 과하게 관계에 집착했을까? 나는 왜 가족과 친해지기를 거부했을까? 나만의 이유를 찾아가다 보니 그땐 그럴 만했다는 걸 알게 되었다. 그리고 이제는 그럴 필요가 없다는 것까지 알게 되면서 더 이상 오래된 방어기제와 불안정한 관계 패턴을 유지할 필요가 없다는 결론에 이르렀다.

가족과 함께 있을 땐 주로 '거부형dismissing'의 모습이 나타나서 정서적인 관계를 맺지 못했던 나는 부모님과는 정서적으로 관계 맺는 것 자체가 가능한 일이라고 생각할 수 없었다. 해본 적이 없었기 때문이다. 부모님 역시 정서적으로 관계 맺는 경험을 하지 못했다. 그렇게 정서적 상호작용이 부재했던 가족 관계에 익숙해졌던 나는 거부형의 모습으로 살아가는 것이 당연하다 느꼈다.

연인과 함께 있을 땐 '집착형preoccupied'의 특성이 나타나 과도하게 친밀해지길 원했다. 나는 부모님으로부터 느꼈던 정서적 결핍을 보상받고 싶었다. 연인이라면 내가 바라는 친밀감을 쏟아부어줄 수 있겠지? 기대하고 기대했다. 그 기대가 돌아오지 않을 때마다 과하게 슬퍼하고, 과하게 좌절하며 상대방을 힘들게 했다. 연인이라면 마땅히 나에게 친밀감을 주어야 하는 것 아니냐며 요구했던 나는 나의 결핍을 상대방이 해결해주길 바랐던 것이다. 그것이 틀린 방법이라는 것 또한 보다 안정적인 사랑 경험을 통해 배웠다.

대안적 삶은 가능한 옵션이다. 생각해보지 않았다면 이제부터 생각해보면 된다. 지금 내 삶의 불편함은 내가 해결해가면 되는 부분이다. 내가 할 수 있는 지점을 찾고, 그 부분을 해결해나간다면 지금보다 더 편안한, 내가 바라는 삶으로 만들어갈 수 있다. 우리에겐 그럴 힘이 있다.

네 번째 단계,
스트레스를 관리하는 삶으로

(4) 실행 단계
- 변화를 위한 행동이 나타나는 단계
- 변화에 수반되는 스트레스의 관리가 필요한 단계
- 변화하고 있는 자기에 대해 다시 정의를 내려보는 단계

변화는 쉽지 않다. 한번 굳어진 성격은 더더욱 바꾸기 어렵다. 많은 사람이 성격을 바꾸려고 많은 노력과 시행착오를 경험한다. 성격 때문에 괴로워서 성격을 고치고 싶은 사람이 많다는 것은 그만큼 내 성격으로 살기가 불편하다는 반증이다. 그런데 불편해서 성격을 바꾸고 싶지만, 변화하려면 또 다른 스트레스가 발생한다. 안 하던 새로운 행동을

해야 변화가 이루어지기 때문이다.

따라서 변화에는 스트레스가 동반된다는 사실부터 인지해야 한다. 변화 과정에서 수반되는 스트레스가 정상적이고 자연스럽다는 것을 스스로에게 말해줄 수 있을 때, 변화 과정을 조금 더 편안하게 받아들일 수 있기 때문이다. 많은 경우, 변화 과정에서 힘들다는 자신에게 의지가 약하다고 비난한다. 그럴 때 오히려 그 힘든 변화를 하기로 선택한 나를 응원하고 지지해주어야 한다. 그래야 내가 원하는 변화에 한 단계 더 가까이 갈 수 있다.

스트레스 관리를 위하여 되는 것과 안 되는 것을 구분하자

변화에 수반되는 스트레스를 관리하려면 현실성의 점검이 필요하다. 많은 사람이 되는 것과 안 되는 것을 구분하는 데 어려움을 겪는다. 안 되는 것도 될 것이라고 기대하다 실망한다. 될 것이라고 착각하며 불필요한 노력에 힘을 쏟는다. 공감받을 수 있을 거라고 믿으며 공감할 줄 모르는 사람에게 공감을 바란다. 이 모든 것은 나의 문제가 아니라, 애초에 안 되는 것에 에너지를 썼던 것이 문제다. 즉, 현실에서 이루어질 수 없는 것을 바랐다면 이루어지지 않는 것이 자연스러운 결과다.

반면에 되는 것을 안 된다고 생각하는 경우가 있다. 불가능한 일이라고 여겨지는 경우에 점검해봐야 할 생각의 포인트는 다음과 같다. 어려움과 불가능을 같은 것으로 취급하고 있는지 확인해보는 것이다. 이 세상의 모든 일에 대해서 안 될 이유를 댄다면 뭐든지 댈 수 있다. 세상의 어떤 일이라도 안 될 이유를 마음먹고 만들고자 한다면 못 만들어낼 여지가 없다.

여기서 안 될 이유가 있다고 생각했던 일이 불가능한 것이 맞는가? 혹여 어려움을 불가능으로 착각한 것은 아닌가? 잠시 멈춰 생각해보자. 불가능한 일이라면 안 되는 것이 맞다. 그러나 어렵다고 느끼는 일이라면 안 될 이유가 존재함에도 불구하고 그것을 되게 만들려면 무엇을 해야 할지 생각해 볼 일이다.

불행감을 자주 느끼는 사람일수록 내가 할 수 있는 부분보다 내가 할 수 없는 부분에 집중하는 경향이 있다. 이미 지나간 과거나 타인이 대표적인 예다. 내가 바라보는 과거/타인에 대한 생각과 감정은 변화할 수 있지만, 과거나 타인 자체는 바꿀 수 없다. 인정받지 못하는 상황에 몰두하다 더 큰 불행감을 생산하는 경우도 마찬가지다. "나는 이미 너무 늙었다"와 같은 고민이 대표적이다. 타임머신이 있지 않는 이상 방법이 없다.

반대로, 주어진 인간관계에서 내가 각각의 인물들과 어떤 관계를 맺을 것인가, 나이와 상관없이 내가 할 수 있는 부분은 무엇인가 생각할수록 불행감을 줄일 수 있다. 인간은 내가 할 수 있는 일이 아무것도 없다고 느낄 때 절망한다. 그러니 정말 할 수 있는 일이 아무것도 없는지 생각해봐야 한다. 변화에 수반되는 스트레스를 관리하며 나에게 다음과 같이 물어보자.

- 내 마음은 지금 어떤 상태인지 설명할 수 있는가?
- 변화하고 있는 내가 느껴지는가?
- 변화하기 위해 오늘은 어떤 새로운 행동을 시도했는가?
- 변화를 위한 행동이 자발적인가?
- 남들이 다 하니까 따라하진 않았는가?
- 내가 정말 원하는 삶에 가까워지기 위한 행동인가?

질문들에 "예"라고 답할 수 있다면, 나는 내가 그리는 대안적 삶에 오늘도 한걸음 다가갔을 것이다. 그렇지만, 혹시라도 머뭇거린 지점이 있다면 그곳에서부터 다시 멈춰 생각해보자. 그 생각 자체도 의미가 있다는 것을 기억하자. 중요한 건 나에게 필요한 변화를 하는 것이다. 나에게 필요한 것이 아니라면 지금 당장 그만두는 게 맞다.

결국 나는 나에게 필요한 변화를 하기 위해 고민하는 중이다. 그리고 변화는 한순간에 이루어지는 것도 아니기에, 내가 바라는 삶의 모양에 대해 관심을 잃지만 않는다면 나는 오늘도 더 편안한 삶을 위해 가고 있는 중이라는 사실을 스스로에게 말해주길 바란다.

스트레스 내성 체크리스트

스트레스 내성 체크리스트의 자가진단 문항은 사회생활에서 나타나는 개인의 성격특성을 파악하여, 각 개인이 자신이 처한 환경에서 최적의 성과를 거두고 적응적인 행동을 하도록 돕기 위한 목적으로 설계된 일터성격검사Workplace Character Inventory: WCI의 일부이다. 문장을 주의 깊게 읽고, 최근 일주일간 주로 나타났던 본인의 모습을 생각하면서 응답해보자.

나의 스트레스를 다루는 힘은 얼마나 건강할까? 스트레스 내성 또한 후천적으로 기를 수 있는 영역이기에 관리하면 된다.

문항	YES / NO
1 나는 평소에 스트레스를 잘 안 받는 편이다.	
2 나는 일할 때 스트레스를 잘 안 받는 편이다.	
3 나는 대체로 평온한 상태를 유지하는 편이다.	
4 나는 부담감이 있는 상황에서도 침착함을 유지한다.	
5 나는 이해할 수 없는 상사의 지시가 있어도 스트레스를 받지 않는 편이다.	
6 나는 대체로 감정기복이 없는 편이다.	
7 나는 나만의 정서조절 방법을 가지고 있다.	
8 나는 불확실성이 많은 상황에서도 불안해하지 않는 편이다.	
9 나는 한치 앞을 예측할 수 없는 상황에서도 불안해하지 않는 편이다.	

〈출처: 잇셀프컴퍼니〉

결과 설명

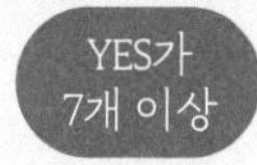

일상의 스트레스를 적극적이고 생산적으로 관리하고 있을 가능성이 높다.

YES가 4~6개

스트레스 관리 능력이 중간 수준으로 대체로 스트레스를 관리하면서 자신을 돌보려고 노력하고 있을 가능성이 크다. 더욱 더 근본적인 스트레스 원인을 제거할 수 있는 방안을 찾아보거나, 스트레스 관리 방법을 더 늘려본다.

YES가 3개 이하

스트레스 관리가 어려운 상황으로 스트레스 상황에서 나에게 이롭지 않은 대처를 주로 사용하고 있을 가능성이 높다. 신체·마음·관계에서 한 가지 영역을 선택해 집중적으로 관리해보자.

YES가 3개 이하라면, 본격적인 '자기돌봄'이 필요하다는 의미다. 다음의 성찰 포인트를 기억하면서 내 몸과 마음을 관찰한다면 나를 괴롭게 하는 스트레스의 굴레에서 조금씩 벗어날 수 있다. 그 또한 변화의 과정이다.

신체를 돌보는 성찰 질문:

- 최근(혹은 지금) 가장 불편했던 신체 부위는 어디였는가?
- 불편했던 신체 부위의 증상은 어떠했는가?

- 언제부터 그 신체 부위가 불편하기 시작했는가?
- 증상의 심리적인 이유를 찾아본다면 주로 어떨 때 해당 신체 부위가 불편하게 느껴졌는가?
- 신체 부위를 보다 편안하게(혹은 강인하게) 만들기 위해 꾸준히 해볼 수 있는 행동 한 가지가 있다면 무엇인가?
- 그 행동을 언제 실천해보면 좋을까?

마음을 돌보는 성찰 질문:

- 스트레스에 취약한 나에게 지금 해주고 싶은 말이 있다면 무엇인가?
- 스트레스를 많이 받음에도 불구하고 변화하고 싶은 원동력은 무엇인가?
- 최근에 스트레스를 완화하는 데 도움이 되었던 방법은 무엇인가? (예: 산책, 맛있는 것 먹기)
- 정서조절 방법은 다양할수록 무기가 되어 나를 지켜준다. 스트레스 완화에 도움이 되는 새로운 행동을 떠올린다면 무엇인가?

관계를 돌보는 성찰 질문:

- 최근 나에게 스트레스를 많이 주는 사람으로 누가 떠오르는가?
- 언제부터 그 사람을 신경 썼는가?
- 어떤 촉발 사건이 있었는가?
- 그 사람과 앞으로 어떻게 지내고 싶은가? 내가 원하는 관계의 모양을 생각해볼 것.
- 원하는 관계로 지내기 위해 어떤 시도를 할 수 있는가? 다만, 이전과 다른 행동을 생각해 볼 것. (예: 그 사람이 무례한 말을 했을 때 표정을 감추지 않는다)

다섯 번째 단계,
바뀐 내 모습에 익숙해지기

✦

(5) 유지 단계
- 변화를 통해 얻게 된 환경, 사람과의 관계를 만들어가는 단계
- 변화한 자기에게 익숙해지는 단계

발달 심리학의 기질 이론 중에 '통제 노력Effortful Control'[36, 37] 이라는 기질이 있다. 보통 타고난 기질은 바꾸기 어렵다고 하지만 이 이론에서는 기질도 변화할 수 있다는 근거를 제시하는데, 기질의 자발적 조절능력인 통제 노력은 3개의 하위 요인으로 구성되어 있다.

첫째, 활성화 조절Activation Control 능력은 자신의 내부로

부터 인식한 부정적인 충동들을 억제하여 부적절한 회피 경향을 막을 수 있는 능력이다. 즉, 어떤 일에 대해 피하고 싶은 마음이 강하게 느껴지더라도 '필요하다면 수행할 수 있는' 능력이다. 예를 들면 이런 것이다. "나는 하고 싶지 않은 어려운 일도 열심히 하려고 노력한다"

우리가 변화하고 싶을 때 하고 싶지 않은 것도 해야만 할 때가 있다. 다이어트를 위해 안 먹던 단백질을 꼬박꼬박 챙겨 먹는 행위 또한 '제 2의 천성'이라 불리는 습관을 만들기 위해 활성화 조절 능력이 필요한 일이다.

활성화 조절 능력을 활용하기 위한 셀프 코칭 질문:

- 지금 내가 변화를 위해 새롭게 활성화할 행동 한 가지는 무엇인가?

둘째, 주의력 조절Attentional Control 능력은 실행해야 하는 관련 자극과 생각에 의도를 가지고 주의를 옮기거나 집중하는 능력을 의미한다. 즉, 상황에 따라 필요하다면 적절하게 주의를 옮기고 집중할 수 있는 능력이다. 예를 하나 들어보면, "나는 방해를 받거나 주의가 산만해도, 내가 하던 일이 무엇이든 집중할 수 있다"와 같은 경우를 생각해볼 수 있다.

해야 하는 일에 주의를 집중하는 능력 또한 변화 행동을 가능하게 하는 데 있어 필요한 능력이다. "생각대로 살지 않으면 사는 대로 생각하게 된다"는 프랑스 작가 폴 부르제Paul Bourget의 명언이 있다. 생각하는 것은 에너지를 쓰는 일이다. 게다가 변화를 위한 새로운 생각은 자동이 아니라 의도적으로 주의를 기울여야 가능한 일이기에 주의력 조절 능력이 필요하다.

주의력 조절 능력을 활용하기 위한 셀프 코칭 질문:

- 지금 내가 집중해야 할 단 한 가지 행동은 무엇인가?

셋째, 억제 조절Inhibitory Control 능력은 자신의 내부로부터 인식한 긍정적인 충동들을 억제하여 부적절한 접근 경향을 막을 수 있는 능력을 의미한다. 즉, 상황에 부적절한 행동을 억제하는 능력이다. 이를테면, "나는 웃지 않아야 할 상황일 때는 웃음을 잘 참는다"와 같이 상황에 맞지 않는 행동은 멈출 수 있는 능력을 의미한다. 변화하기 위해서는 새로운 행동도 필요하지만, 하지 않아야 할 행동을 멈추는 것 또한 중요하다. 자동적이고 습관적인 행동을 멈추기란 쉬운 일이 아니다. 그렇기에 더욱 더 의도적인 통제 노력이 필요한 영역이라는 것을 기억한다면 변화를 유지하는 데 도움이 될 것이다. 지금 나에게 필요한 것이 활성화 조절인지, 주의력 조절인지, 억제 조절인지를 구분하는 것부터가 시작이다. 이 세 가지 능력은 우리 모두가 갖고 있으며, 의도적인 노력을 통해 기를 수 있다.

억제 조절 능력을 활용하기 위한 셀프 코칭 질문:

- 변화를 이루어내기 위하여 내가 멈춰야 하는 행동 한 가지는 무엇인가?

본격적으로 행동하기

지금 나에게 필요한 행동 한 가지가 무엇인지 파악했다면 이제는 생각 말고 행동하기가 필요한 때다. 우선은 변화가 일어날만한 상황을 만드는 것이 중요하다. 행동하기에 도움이 되는 심리학 이론을 소개한다. 전통적인 정신분석 이론에 대한 대안으로 제안된 현실 치료다.

현실 치료요법을 창시한 윌리엄 글래서는 성장의 과정으로 WDEP라는 두문자어를 사용한 4단계를 제안했다. 현실 치료 상담자는 내담자로 하여금 자신의 바람wants을 탐색하고, 현재 자신이 무엇을 하고 있는지doing 탐색하도록 돕는다. 가장 중요한 것은, 치료자가 내담자로 하여금 자신의 행동이 원하는 인생의 방향성과 견주었을 때 효과적인지에 대해 스스로 평가self-evaluate하도록 질문하는 것이다. 다음으로 상담자는 내담자가 간단하고도 달성 가능한 실행 계획plans을 설정하도록 돕는다. 실행 계획이 만들어지면, 계획을 이행하지 않을 경우에 대한 어떠한 변명도 수용하지 않는다. 단, 완벽한 계획은 없기 때문에 스스로 세운 계획이 효과적이지 않다면 계획은 지속적으로 수정된다.[38]

Wants(바람)	현재 내가 원하는 것은 무엇인가?
Doing(행동)	내가 원하는 것을 달성하기 위해 나는 지금 어떤 행동을 하고 있는가?
Evaluation(평가)	내가 하는 행동이 내가 원하는 것을 달성하는 데 효과적인가?
Plan(계획)	만일 효과적이지 않다면 이를 해결하기 위해

어떤 계획을 가지고 있는가?[39]

흔히 마음이 행동에 영향을 주는 일방향 관계라고 착각하는 사람들이 많다. 그런데 행동도 마음에 영향을 준다. 양방향 관계다. 행동을 하면 마음이 이에 따라 바뀐다. 단, 마음에도 관성의 법칙이 따르기에 예전으로 돌아가려 하는 우리의 마음을 다스리는 노력도 필요하다. 실행에 힘을 실어주려면 변화에 필요한 동기motivation를 관리해야 한다. 행동 변화의 동력인 동기를 활성화하고 유지하기 위해서는 내가 원하는 변화의 모양에 대해 진지하고 객관적으로 생각해봐야 한다. 그리고 이에 필요한 행동이 무엇인지에 대해서도 전략적으로 접근하는 마음의 작업이 필요하다.

이렇게 변화는 한순간에 일어나지도 않고, 쉽지도 않지만, 본인이 원한다면 가능한 일이다. 해야 하는 것으로부터 벗어나는 삶, 내가 원하는 것을 선택하는 삶을 살기 위한 스트레스도 관리해가며 필요한 변화를 찾아서 연습 중이라면, 나는 분명 내가 원하는 방향으로 가고 있다고 스스로에게 말해주길 바란다. 내 마음이 안심하고 새로운 방향으로 나아갈 수 있도록 지지해주는 것도 내가 할 수 있는 일이다.

나로서 인정받으며 살아가는 삶을 위하여

변화를 유지하는 데 있어 타인의 힘을 빌리는 것도 큰 도움이 된다. 내가 원하는 방향으로 나아가고 있는지, 내가 지지받을 수 있는 사람에게 물어보자. 타인은 우리에게 근거가 되어줄 것이다. 우리에겐 근거가 필요하다. 우리가 심리학 이론과 심리책을 읽는 이유도 마찬가지다. 다양한 연구와 사례가 근거가 되어주기에 우리는 그 근거를 친구 삼아 변화를 시도해볼 수 있다.

우리가 변화하고자 하는 것도 나로서 이 세상을 편안하고 행복하게 살아가기 위함이다. 즉, 나로서 인정받으며 살아가는 삶을 향해 나아가고자 하는 마음이다. 여기서 한 가지를 기억하자. 우리는 모두 불완전한 인간이기에 살아가면서 때때로 누군가의 도움이 필요한 존재라는 것을. 그 무엇보다도 누군가의 찬사, 인정은 우리가 인간답게 살아가기 위한 필수 요소라는 것을 말이다. 불완전한 인간으로 이 불확실한 세상을 살아가기 위해 타인의 인정과 지지는 필수 자원이다. 타인의 인정이 함께할 때, 나는 그 누구보다 힘 있게 이 세상을 살아갈 수 있다.

단, 내가 바라는 욕구가 언제 어디서나 충족되어야만 하는 것은 아니다. 타인의 인정을 고집할 순 없다. 그것은 목마름의 욕구처럼 내가 나 스스로에게 줄 수 없는 '타인'이라는 존재의 자율성이 결부된 문제이기 때문이다. 우리의 욕구는 때로는 좌절될 수 있는 소망으로 변질될 수 있다는 현실을 우리는 기억해야 한다.

나는 그저 나의 소망이 구현 가능한 상황을 창조하며 살아가도록 나를 이끌어주면 된다. 그렇게 오늘을 살다 보면 나 스스로가 부끄럽지 않은 삶, 누군가에게 자랑스럽고 든든한 존재로 살아가는 삶, 자신으로 살아가기에 충분한 당신이 될 것이라 믿어 의심치 않는다.

잊지 말자. 자존감이 높은 사람은 타인의 인정을 바라지 않는 것이 아니라, 의식적으로 바라지 않아도 될 만큼 이미 필요한 인정을 받은 '상태'일 뿐임을. 상태는 변하는 것이며, 나의 상태 또한 언제든 변화할 수 있다는 것을.

내가 좋아하는 노희경 작가의 말처럼 우린 '우여곡절 속에서도 결국 사랑하고, 행복하면, 인생은 끝나버려도 좋은 것'이기에. 내가 사랑하는 사람들로부터 나의 존재를 인정받고, 그 안에서 행복감을 느끼며 살아갈 수 있다면 이 삶은,

그 속의 나는 그 자체로 충분하다.

내 마음에게 말을 건 순간, 변화는 시작된다. 변화를 시작했다면 그 다음부터는 연습에 전념하면 된다. 효과가 있는지도 모른 채 애쓰는 것이 아니라, 나에게 필요한 행동임을 확신하며 조금씩 건강하게. 방향을 잡았다면, 장애물이 나타나도 뚫고 나가면 그뿐이다. 뚫고 나갈 힘이 부족하다면 잠시 쉬며 충전하고, 쉬는 동안 변화의 방향을 살펴보면서 나아가면 된다. 당신의 변화를 온 마음으로 응원한다.

미주

1 프랑크 슈템러 지음, 장윤경 옮김, 《모멸감, 끝낸다고 끝이 아닌 관계에 대하여》, 유영, 2022. p.277.

2 낸시 머독, 이은경·이은진·주영아·이문희·박찬정 옮김, 《심리상담 이론과 실제》 제4판, 시그마프레스, 2019.

3 김나래·이기학, 〈대학생의 인정욕구와 사회불안의 관계 : 정서표현억제를 통한 정서인식명확성의 조절된 매개효과 검증〉, 한국심리학회지:상담 및 심리치료 28(4), 2016, pp.1217–1236.

4 이동귀·이성직·안하얀, 《나 좀 칭찬해줄래?》, 타인의사유, 2020, p.46.

5 김학진, 《이타주의자의 은밀한 뇌구조》, 갈매나무, 2022년

6 황성훈·이훈진, 〈이분법적 사고가 기분 및 자존감의 강도와 기복에 미치는 영향〉, 한국심리학회지 30(4), 2011년, pp.959–972.

7 Darlene Lancer, 〈Perspectives on Emptiness〉, Psychology and Behavioral Science 12(4), 2019.

8 Darlene Lancer, 《Conquering shame and codependency : 8 steps to freeing the true you》, Hazelden Publishing & Educational Services, 2014.

9 브렛 킹·리처드 페티, 안종희 옮김, 《테크노소셜리즘》, 매일경제신문사, 2020, pp.293-294. 재인용.

10 Benjamin Mann, 〈MILLENNIALS' HIERARCHY OF NEEDS〉, snapmunk 2016.01.08

11 한국지능정보사회진흥원, 〈2021 인터넷이용실태조사 통계표〉, 2022.

12 강선희, 〈내현적 자기애 척도의 개발 및 타당화 연구〉, 가톨릭대학교 석사학위 논문, 2002.과 장하나, 〈내현적 자기애 특성과 자기조절 학습전략에 따른 학업적 자기효능감 및 주관적 안녕감의 차이〉, 가톨릭대학교 석사학위 논문, 2009.을 참고하여 작성.

13 황선정·조성호, 〈병리적 자기애의 선별 기준에 관한 연구: 병리적 자기애 질문지의 절단점 확인을 중심으로〉, 한국심리학회지:상담 및 심리치료 27(2), 2015.
14 김송아, 〈웅대성-취약성 자기애와 대인소망의 관계 : 성인애착의 매개효과〉, 가톨릭대학교 석사학위 논문, 2015.
15 Mark Griffiths, 〈A 'components' model of addiction within a biopsychosocial framework〉, Journal of Substance Use 10, 2005, pp.191-197.
16 한미경·한기백, 〈부모의 심리적 통제와 완벽주의적 자기 제시의 관계에서 내면화된 수치심과 사회부과 완벽주의의 순차적 매개 효과〉, 재화림리연구 28(4), 2021.
17 이수란·이동귀, 〈자존감의 영역별 수반성과 자기 평가 간 불일치가 정신건강에 미치는 영향〉, 한국심리학회지:상담 및 심리치료 20(2), 2008, pp.313-335.
18 정은성·하정희·이성원, 〈자기가치감 수반성(우월성, 타인승인)과 우울과의 관계에서 인지적 유연성의 조절효과〉, 학교사회복지 40, 2017, pp.95-111.
19 Jonathan Shedler·Drew Westen, 〈Refining personality disorder diagnosis: integrating science and practice〉, American Journal of Psychiatry 161(8), 2004.
20 김정규, 《게슈탈트 심리치료》, 학지사, 2015.
21 로빈 스턴, 신중영 옮김, 《그것은 사랑이 아니다》, 알에이치코리아, 2018.
22 Jeffrey Young, 《Cognitive Therapy for Personality Disorders: A Schema-Focused Approach》(3rd Edition), Professional Resource Exchange, 1999.
23 이동귀·손하림·김서영, 《네 명의 완벽주의자》, 흐름출판, 2021.
24 James Pennebaker·Cindy Chung, 〈Expressive Writing, Emotional Upheavals, and Health〉, Foundations of health psychology, 2007, pp.263-284.
25 김현정, 〈글쓰기 프로그램이 대인관계 갈등 경험자의 인지와 정서에 미치는 효과〉, 한국건강심리학회23(3), 2018, pp.595-609.
26 James Leckman... Dan Stein, 〈Obsessive-compulsive disorder: a review of the diagnostic criteria and possible subtypes and dimensional specifiers for DSM-V〉, Depress Anxiety 27(6), 2010, pp.507-527.
27 Jeffrey Young, 위와 같은 책.
28 임선영·이영호, 〈한국판 다차원적 충동성 척도(UPPS-P)의 타당화 연구: 대학생 집단을 대상으로〉, 한국임상심리학회 33(1), 2014, pp.51-71.
29 서명교, 〈다차원적 충동성과 도박 동기가 도박 문제에 미치는 영향〉, 계명대학교 석사학위 논문, 2020.

30 Charles Sanislow·Ellen Bartolini·Emma Zoloth, 〈Avoidant Personality Disorder〉, Encyclopedia of Human Behavior, 2012.

31 Geraldine Downey·Scott Feldman, 〈Implications of Rejection Sensitivity for Intimate Relationships〉, Journal of Personality and Social Psychology 70(6), 1996.

32 이운영 · 민윤기, 〈성인애착과 성격특성이 낭만적 고독에 미치는 영향: 결혼만족의 매개효과를 중심으로〉, 한국심리학회지: 발달 28(4), 2015, pp.205–224.

33 Kim Bartholomew·Phillip Shaver, 〈Methods of assessing adult attachment: Do they converge?〉, Attachment theory and close relationships, 1998, pp.25–45.

34 문형춘, 〈성인애착 특성과 상담 관계〉, 한국심리학회지: 상담 및 심리치료 19(3), 2007, pp.609–634.

35 이무석, 《정신분석에로의 초대》, 이유, 2006.

36 Mary Rothbart, Rosario Rueda, 《Developing individuality in the human brain: A tribute to Michael 1 Posner: CH9. The development of effortful control》, Ulrich Mayr, Edward Awh, Steven Keele, Washington, D.C.: American Psychological Association, 2005, pp.167–188.

37 이혜진, 〈대학생의 성인애착과 심리적 부적응의 관계에서 통제노력의 조절 효과 분석〉, 이화여자대학교 석사학위 논문, 2013.

38 낸시 머독, 이은경·이은진·주영아·이문희·박찬정 옮김, 《심리상담 이론과 실제》 제4판, 시그마프레스, 2019.

39 위의 책.

인정받고 싶어서
오늘도 애쓰고 말았다

초판 1쇄 발행 2022년 11월 28일
초판 2쇄 발행 2023년 1월 10일

지은이 이혜진
펴낸이 민혜영
펴낸곳 (주)카시오페아
주소 서울시 마포구 월드컵로14길 56, 2층
전화 02-303-5580 | **팩스** 02-2179-8768
홈페이지 www.cassiopeiabook.com | **전자우편** editor@cassiopeiabook.com
출판등록 2012년 12월 27일 제2014-000277호
책임편집 이수민 | **책임디자인** 최예슬
편집 이수민, 오희라, 양다은 | **디자인** 이성희, 최예슬
마케팅 허경아, 홍수연, 이서우, 이애주, 신혜진

ISBN 979-11-6827-085-5 03180